求められる人材になるための心構え

若い人の仕事術入門

大川隆法
Ryuho Okawa

若い人の仕事術入門　目次

第1章　若い人の仕事術入門①

――仕事のプロとして生きていくために――

二〇二〇年十一月十八日　説法《せっぽう》
幸福の科学 特別説法堂にて

2

3

4 毎日の努力で一歩でも前進する 66

5 判断業務の前に、まずは正確な仕事を的確にやること 77

第2章　若い人の仕事術入門②

――「乱気流の時代」の仕事と経営の基本――

二〇二〇年十一月二十一日　説法
幸福の科学 特別説法堂にて

6

何の目的で仕事をしているかを考えよ

本書には、幸福の科学・大川隆法総裁が特別説法堂《せっぽうどう》で二〇二〇年十一月十八日に説かれた「若い人の仕事術入門①」、および二〇二〇年十一月二十一日に説かれた「若い人の仕事術入門②」が収録されています。

第1章

若い人の仕事術入門①

――仕事のプロとして生きていくために――

二〇二〇年十一月十八日　説法《せっぽう》
幸福の科学 特別説法堂にて

1　仕事でプロになるための心構え

プロとして生きていくには、ある程度の修行《しゅぎょう》期間が要《い》る

今年（二〇二〇年）は、コロナウィルスの蔓延《まんえん》もあって、そうとうのイレギュラリティー（不規則なこと）が出てきております。仕事の形態もかなり変わりましたし、大勢の人が集まるのも難しくなったりもしていて、いつもとは違《ちが》う年になりました。

若い人に対する研修というか、私のほうからのお話も激減していますので、「若干《じゃっかん》、足りないのかなあ」と思うことがままあります。普通《ふつう》は、新入《しんにゅう》ぐらいの人を相手に、もうちょっと丁寧《ていねい》に、時間をかけて、いろいろなことをやるのです

けれども、今年はほとんどやっておりませんで、その分、「やや遅《おく》れは出ているのかな」というふうには思っています。

そういうことで、ちょっと気になるようなところも出てきているので、遅ればせながら、「若い人の仕事術入門」ということで話をします。「どうせ一回では終わらない」と思って、「①」と付けておきました。付けないと、永遠に終わらない話になる可能性があるのです。

まあ、入門的なお話をしておきたいと思います。そんなにずっとかっこいい話でもなく、そんなに難しい話でもなく、「聞かれて見られたらまずいような話はしない」というわけでもなく、「恥《は》ずかしいか、恥ずかしくないか」――「こんなことを今さら言われるのは恥ずかしいか、聞くのが恥ずかしいか」のスレスレぐらいのところを狙《ねら》って球《たま》を投げますので、もしベテランの方等が退屈《たいくつ》なされた場合は、どうぞ、こっくりお眠《ねむ》りくださいませ。霊障《れいしょう》だとは言いませんから。

「そんなこと、当たり前じゃないか」と思うようなことしか言わないかもしれませんが、「当たり前のことが分かっていない」のが若手なのです。「何が当たり前で、何が当たり前でないか」が分かるまでに、ちょっと時間がかかるのです。でも、これは難しいところです。また、職場によってもこれには違いがあるため、なかなか、一般《いっぱん》化するのはそう簡単ではありません。勤めている職場によって同じではなく、業種や職種によってちょっと違いはありますので、難しいのです。

ただ、世の中で、「難しい」と言われる職業から、もうちょっと緩《ゆる》そうな楽そうな職業まで、いろいろありますが、いずれにしても、プロとして生きていこうとすると、ある程度の修行《しゅぎょう》期間というのがあるのは、しかたがないことなので、これは諦《あきら》めて受け入れていただきたいと思っています。

一定の修行期間なくしてプロになるというのは、何をやってもありえません。

たとえパチンコのパチプロになろうとしても、〝修行期間〟はやはりあるわけです（笑）。〝修行期間〟にお金を使い尽《つ》くして、立ち直れないところまで行ったら、もはやプロにはなれません。全財産を使い果たす前に、修練を積んで勝てるところまで行かないといけないわけです。

魚屋をやっても、やはりそうです。魚屋が若い人を雇《やと》ってくれるかどうか知りませんけれども、雇ってくれたとしても、ほめられることはほぼないでしょう。まずは魚の種類から分からなくてはいけないし、それぞれ魚特有の鱗《うろこ》の違いや鮮度《せんど》の違い、傷《いた》み方などによって、いろいろな処理の仕方があります。もしこれを全部、紙で書いたもので頭に入れたとしても、実際、実物に当たって「どうさばくか」ということで、できるかといったら、簡単なことではないと思います。

例えば、瀬戸内海《せとないかい》辺りでタイを獲《と》って、直送便で東京まで運んでくるとします。昔は築地《つきじ》かもしれませんが、今なら豊洲《とよす》とかに運んでくるとして、普通に考えると、「生かしたまま、生《なま》のままのほうが鮮度は高い」というふうに思うでしょう。

ところが実際は逆でして、トラックで輸送しているうちに魚がくたびれてしまうのです。「揺《ゆ》らしながら運んでいると魚がくたびれてしまう」ということで、生かしたままではなくて、獲って水揚《みずあ》げしたあとに包丁《ほうちょう》を入れて血抜《ちぬ》きをしたりします。そして、鮮度が落ちないような工夫《くふう》をして運んでくるのです。

こういうのは「知らないと分からない」ことです。生《い》け簀《す》に入れて生かしたまま送れば新鮮かといったらそんなことはなくて、〝心労〟しているのです。その間に、彼らとしてはそうとうのノイローゼ状態というか、死刑《しけい》にされる前の囚人《しゅうじん》のような状態がずっと続いているわけですから、精神衛生上、悪い魚がやってきて、食べると、やはり何となく、その血も〝毒素〟を含《ふく》んでいるような感じがちょっと出てくるわけです。

このへんを、長年やっている人たちは勘所《かんどころ》では分かってくるし、上手な人になれば、鱗一枚を見たら分かります。

「この鱗を見て、何の魚か言ってみろ」と言って、もしクイズ番組をやれば、寿司《すし》屋とか魚屋のプロ、十年もやっている人であればほとんど当てられるでしょうが、素人《しろうと》ならまず無理です。元の姿を見れば、見たことがあるものであれば言えるけれども、鱗だけを見せられて、「コイか、フナか」と言われても分からない。鱗がかなり大きかったら、「フナでこんな大きいのはいないだろうから、たぶんコイだ」ぐらいは言えるかもしれませんが。

普通、「鱗一枚を見て魚を知れ」と言われますが、これがプロのレベルです。

若い人は全体ではなく〝鱗《うろこ》〟一枚を見て判定されることが多い

仕事で言いますと――みなさんいろいろな会社に勤めているから、その会社によって、ちょっと特徴《とくちょう》は違うので一緒《いっしょ》には言えませんが――その仕事の全体を通して見て、「できるか、できないか」という判定をもちろん願いたいところではあるけれども、それは判定される側の甘《あま》えであることもあります。普通はそういうことはほとんどなくて、何か「象徴的な部分」で判定されます。

何かの仕事とか失敗とか、あるいは成功したところとか、何か象徴的なところを取って、〝鱗〟を見て判定されることのほうが多くて、「それは誤解です」「私は、ほかのところでこんなことをしました」と言っても、そんな言い訳はほとんど通らないことが多いのです。

だから、魚であれば、どこの鱗一枚であっても――背中であろうが、腹であろうが、尻尾《しっぽ》のほうであろうが、鱗一枚を取って判定されたら、「それは、そうだ」ということです。

その意味では、「社会人になって給料をもらう」ということは、「『欠片《かけら》みたいなもの』というか『自分のほんの一部の行為《こうい》』を見て全体を判断する人が会社のなかにも外にもいっぱいいて、自分が『まさか』と思うような人に見られていたりすることがある」ということです。

これは、でも、「その判定、違います」と言っても通らないのです。よっぽど口の立つ、丸め込《こ》むのがうまい人だと、それをする人もいることはいるのですが。

例えば、少し前に文科次官をやっていた方などは、「歌舞伎町《かぶきちょう》に変名《へんめい》でよく出《しゅつ》没《ぼっ》していた」といわれていて、それが週刊誌に書かれたりしていましたけれども、「あれは、もう中学・高校時代から、社会学習の一環《いっかん》として、『貧しい家庭に生まれた女性たちが、いったいどのような職業経験をしているか』ということを引き続いて観察していた。『いろいろな人たちが、教育がないと将来どういうふうになるか』ということを考えるための勉強のためにした」ということをぬけぬけと言っておりました。

よく遊ぶので有名な進学校の出身の方でありますが、ぬけぬけと言えて、まだ、いろいろなものに評論を書いています。ここまで肚《はら》が据《す》わった〝狸《たぬき》〟なら、それはそれなりにいけることもあろうかと思いますが、みなさんが若いうちはそうはいかないだろうと思います。そんなに切り抜けられるほどではありません。

だから、ある程度偉《えら》くなった人の場合でしたら、ちょっとそういうことがあっても、何らかの上手な言い訳をしたら、「何かの具合でそうなったのかな。でも、偉くなった人だし、ほかのところでは立派なんだろうな」などと人々は〝勘違い〟してくれるか、そういうふうに思ってくださることもあります。

しかし、若い人の場合には、そうは思ってくれないことが多く、言い訳がほとんど通らないのです。すでに立派な実績がいっぱいあがっている人の場合でしたら、何かミスがあっても、逆にかばってくれることもありますけれども、そういうことがあるのです。

2 「知らなかった」という言い訳は通らない

社会人一年目に請求手形《せいきゅうてがた》で「ドル」と「円」を間違《まちが》え、上司に怒《おこ》られた体験

最初の何年間かは、その業界の常識を知らなかったり、あるいは、業界を超《こ》えて、世間《せけん》の常識を知らなかったりするために、恥《は》ずかしいことや、みっともないことをして、人に後ろ指をさされることもあると思うのですが、「ほとんど言い訳は通らない」というふうに考えていただいてよろしいのではないかと思います。

これは、最近、「夜明けを信じて。」という映画（製作総指揮・原作 大川隆法、二〇二〇年公開）のなかで、私に当たる役である一条悟《いちじょうさとる》君の一年目の仕事で、上司に怒《おこ》られている部分があったと思いますけれども、言い訳がきかないところは

あるのです。

例えば、私が「ドル」と「円」を間違《まちが》えたところがありますが、これは実話に基《もと》づいてつくってあり、金額まで一緒《いっしょ》です。

普通《ふつう》は、外為《がいため》はほとんどドルなのです。ですから、もう自動的に手がドルで全部書いてしまうのですが、ときどき円のものが入っているのです。円の取引というのがたまに入っているので、そのときにドルで、「二千七百万円」のものを「二千七百万ドル」でやってしまいました。当時の換算《かんさん》で言えば、八十億円以上ぐらいに相当します。

二千七百万円の手形、これは輸出ですから「請求手形《せいきゅう》」なのです。だから、書類に手形を付けて銀行経由で送ります。まず書類と手形を銀行に送ったら、銀行がそこで割引をしてくれるのです。

実際上は、その現地、どこでもいいのですけれども、アメリカならアメリカに輸出して、そこで向こうがお金を払《はら》ってくれたらそのお金が入るのが普通です。しかし、信用取引をやっていますので、「このドキュメンテーション、書類づくりは完璧《かんぺき》にできているか」、「信用状は、契約《けいやく》に基づいて書類が全部できているかどうか」をチェックします。それから、輸出ですから輸出したものを営業部のほうが受け渡《わた》し部門で通して、船荷《ふなに》証券をもらってきます。「タンカーに載《の》せました」「貨物船に載せました」「こういうものを載せました」という、明細を書いたものももらってきて、それを書類のなかに入れて外為《がいため》部門に上げてきているのです。

これを全部、書類をチェックして、ミスがないかどうか全部チェックした上で、「ドラフト」といいますが、原稿《げんこう》・草稿のかたちがあるものに、金額とか、いろいろな明細を書くのです。こちら（外為部門）にも残しておかなくてはいけないので、そういうものを書きます。

そして、今はコンピュータで打っているのではないかと思いますけれども、当時はまだキーパンチャーみたいな人がいました。キーを打つのがものすごく速いおばちゃんたちがいて、それを送ればババババッと手形を打ってくれるわけです。

これは「請求手形」といって逆手形です。普通は代金の代わりに手形を切るのですが、これは向こうに請求する手形を打つのです。だから、手形と書類がキチッと合っていたら、銀行のほうに送る。メールというお使いさんが、それを銀行に運んでいってくれるのです。

銀行のほうも、全部精査してミスがなければ、その手形を割引してくれます。例えば、九十日のユーザンス（支払猶予期間）で、実際に入金するまでに九十日かかるとしたら、九十日分の金利分を差し引いて、割り引いて振り込《ふこ》んでくれるわけです。二千七百万円の請求手形を送ったら、二千七百万円をそのまま振り込まずに、九十日分ぐらいのその当時の金利を引いた分を入れてくれるのです。

だから、商社としては、商品をアメリカに送って、向こうが買ってくれて、向こうで売れて、入金されてからお金を送ってもらう間、待つリスクがありますが、書類だけ整合していれば、もう日本の銀行がそれを払ってくれるわけです。

利息分だけは割り引かれますが、あとは、銀行が次にアメリカの銀行に書類を送って、向こうの銀行がそれを精査して、「いい」と思えば、日本の銀行にお金を入金してくれるわけです。

それで、向こうの銀行から取引会社のほうに書類が渡って、取引会社はその書類に基づいてお金を払います。請求書を英語では「invoice《インボイス》」というのですが、「どういう品物を輸出した」という明細が書いてあるもの、それから船荷証券という貨物船から引き取るための書類とか、こういうものを会社に渡して向こうの会社はそれを引き取ります。

それがお金を持っているところだったら、すぐくれるだろうし、お金を持っていない会社だった場合は、まだ向こうでも現地でユーザンスをつけてもらいます。要するに支払いの猶予《ゆうよ》をしてもらって、その分、あちらは余分にお金を払わなければいけないことになりますが、その銀行にお金を払うということで全過程が終《しゅう》了《りょう》するわけです。向こうさんのバイヤー、輸入業者が品物を引き取って売れたら全過程終了ですが、そういうふうに途中《とちゅう》でほかのものが入って信用取引をしているわけです。

だから、これは円でつくってある契約書をもとにしてつくられた書類なのに、「ドルでドラフトを書いた」というのは、課長が言うとおり、斧《おの》があったらもう首を斬《き》ってやりたいぐらい、フランス革命のギロチンみたいに、何かにかけてやりたいぐらいでしょう。

外国為替《かわせ》課に来て「円」と「ドル」の違いが分からないというのは、もうこれは〝死刑《しけい》〟に相当するぐらいのものです。

間違《まちが》って送金したお金を、カナダまで取りに行かされた先輩《せんぱい》

自分だって、シャッシャ、シャッシャといっぱい、いろいろな書類をさばいていて、パンパンポンポンめくら判みたいなのを押《お》しているから、そのときに万一《まんいつ》、意識がちょっと朦朧《もうろう》としていて、書類を通してしまった場合には、次に銀行から当然、課長のほうに電話がかかってきます。

「これ、二千七百万円の手形でなくてはいけないところを、二千七百万ドルの手形が来ていますけれども、おたくの会社、大丈夫《だいじょうぶ》ですか」という電話がもしかかってきたら、それは大恥《おおはじ》をかくわけです。

場合によっては、向こうに行ってお詫《わ》びをしなくてはなりません。こうやって、（演台に両手をついて頭を下げながら）「すみませんでした」と言い、「これはもう新人のミスでして。本当に大間違《おおまちが》いでして」とか、あるいは、「タイピ

ストがミスしたらしく」とか、「誰《だれ》かが急病になった」とか何かを言わないといけないような案件です。

しかし私はしれっとしていて、「ドルと円だとほとんどドルだから、『ドルだ』と思って書いていたら、円だったんだな。ちょっと見落としたわ」というような感じの、簡単な反応をしてしまいました。それは許してくれないですよね。「この大きさが分からんのか」ということです。

八十億円と二千七百万円とを間違われたら、普通の人だって怒ります。契約とか何かで、「二千七百万円で約束したよな」と言っても、「いいえ、八十億です」と言われたら、もう許さないでしょう。ヤクザでも呼んできてとっちめたいぐらい、家まで来てガンガンガンガンとやりたいぐらいの間違いかもしれません。

もしかしたら、銀行のほうだったら用心するかもしれません。二千七百万円の請求ですから、銀行は二千七百万円相当分を私がいた会社に払い込まなくてはいけないけれども、もし向こうも新米で、間違えて本当に二千七百万ドル、八十億円以上の金額を、うちの会社に払い込んだとしたら、これは大恥ですから、大変なことになるわけです。

でも実際には、そういうのは年に一回ぐらいは、やはり出ることは出るのです。私を叱《しか》っていた、映画「夜明けを信じて。」に出ている先輩《せんぱい》もそうでした。この映画では「飯田《いいだ》先輩」という人です。あの方は、映画では設定をちょっと変えているのですが、私よりも何年か前にニューヨークに行っていた人なのです。

コンピュータに当たるものはすでにあったことはあって、送金はキーボードで銀行のコードを押して、金額を入れて、そしてトンと押せば電子送金ができる時代ではもうあったのです。ところがその人は、日本に送るものなのに、その銀行のナンバーを間違えて、二百万ドルをカナダに送金してしまいました。それで電話をかけて、「間違えたから返してくれ」と言ったのですが、返してくれない。

返してくれないということで、「おまえ、ちょっとカナダに行って取り戻《もど》してこい」と言われて、飛行機に乗って単身カナダの銀行に行かされました。「それは間違って送金したので返してくれ」という交渉《こうしょう》に行かされています。

だから、みんなやることはやるのですが、商社は金額が大きいから派手です。二百万ドルを全然違う国に送ったら、それはいい国ならいいけれども、悪い国ならもう返ってこない可能性はあります。

コードで、ナンバーだけで打ち込むと、ちょっと一行見間違えたら、間違うことはあります。そういうことで、銀行名が書いてあれば分かりますが、コードだけで電子送金をしたら間違って行ってしまうことはあるのです。「二百万ドルを取り返すのに、ものすごく大変だった」とその先輩は言っておりました。

上司を真《ま》っ青《さお》にさせた入国申請《しんせい》の顛末《てんまつ》

私のミスなども、もっと前のことで言えば、アメリカに研修生で行く前に次のようなことがありました。

当時、海外経験のない課長が私の上司になっていたのですが、自分も行ったことはないから、事前に何も手続きの案内をしてくれませんでした。普通は案内をしないといけないのですが、行ったことがないので、何も言わず、放っておいたのです。

私もこういう人だから、ギリギリまで「言われるんだろう」と思って待っていたのですけれども、「あれ？　どうもおかしいな。何も言ってくれないな」と思って周りに訊《き》いてみたら、「人事部におばちゃんがいるから、そこに行ってどうしたらいいか全部、手続きを聞いてこい」と言われ、行ってみたら、「うわ、今ごろ来た。もう遅《おそ》いわ」と言われたのです。

「入国の申請《しんせい》は、もっと早くやらなきゃいけないのに、もう間に合わない。しょうがないから、向こうで、アメリカに着いたら空港でとにかく、『観光に来た』と言いなさい。『一週間ぐらい観光に来た』と言って、とりあえず、まず入れ。入ってから、向こうで研修生ビザに切り替《か》えろ。そういう申請をして切り替えろ」と言われたのです。

こちらはそれでニューヨークに行って、そのとおりに言って入ったのですが、「ワン・ウィーク」と言って入ったものだから、ステイング・パーミット（滞在許可証）は一週間で切れてしまったのです。

しかも、私のパスポートは、到着《とうちゃく》するや否《いな》や、会社の金庫にしまわれてしまったのです。「パスポートはなくしたら大変だから」と言って、金庫にサッと入れられてしまったので、「あれっ、金庫に入れられてしまった。これでいいのかなあ」と思っていたら、あとでスティング・パーミットが切れているということが分かりました。そして、不正労働者、不正規労働者で、「居住権がないのにマンションに入って働いている。給料をもらっている」ということで、「国外退去しなくてはいけない」という初めてのケースになってしまいました。

「どこへやろうか」と言って、「もう、どうせならいじめてやれ」「バミューダに送ってやろうか」と、みんな言っていました（笑）。国外のバミューダ島に送って、「そこからもう一回、入国申請をして入ってこい」というのです。

「いや、バミューダはさすがに怖《こわ》いし、帰れなかったらどうするんですか」と言うと、「一週間に一回ぐらいは便があるんじゃないか」などと言われて、「いや、勘弁《かんべん》してくださいよ」と言って交渉して、カナダのトロント支店の出張にしてもらいました。一日出張にしてもらって、トロント支店に行ってきたのです。

トロントでは、先輩に当たる方でしょうけれども、ナイアガラの滝《たき》などをちょっと車で案内してもらったりして、一日だけ接待してもらって、意気揚々《いきようよう》と帰ってきたのですが、ちょっと怒られたのは怒られました。

そして、日本に帰ってから、もう一回、怒られたのです。

「そのあとはどうしたんだ」と言われたので、「いや、そのー、研修生のビザを申請したままで、許可が下りないうちに一年がたちましたけど」と言ったら、「ということは、おまえは一年間、税金を払っとらんのか」「ええ、まあ、払っていないということになりますよ、結果的には」「これはひどい。給料をもらっておいて税金を払わずにいたのか」「まあ、そういうこともあるでしょう。ほかにもいますから、民宿とか、いろいろ」などと言っていました。

こちらも神経が〝切れて〟いるから、そういうところもあったのです。上司のほうは真《ま》っ青《さお》になっていたけれども、私には真っ青になる理由が全然ないので、税金を取られなかったらそれは〝いいこと〟だから、別にあれだったのですが

（笑）。

ちょっとどこが悪かったかは、責任の所在がないのです。人事部のおばさんに聞いたのですけれども、その人も海外に行っていないのは明らかですから、型どおり言ったのだろうとは思います。「ワン・ウィークと言って入れ」と言われたから、そのとおりに言っただけなのです。向こうでパスポートを取り上げられて、大きな金庫にしまわれるとは知らなかったですし、それは人事部の人も知らなかったでしょう。金庫に入ったままだったから、結果はそういうことになったのですが、このようなミスは山のようにあります。

先輩《せんぱい》から復讐《ふくしゅう》されることになったエレベーター内の〝冗談《じょうだん》の一言《ひとこと》〟とは

それから、過去、何度も言った話もあります。映画「夜明けを信じて。」のなかに出てくる飯田さんという役の人は、二、三人を合わせた〝複合人格〟に実際はなっています。その話は、私の上にいた先輩《せんぱい》が、私がアメリカに行く前の年に、英会話学校に行っていたときのことでした。

日本からアメリカに行く前に、英会話学校に三カ月ぐらい通ってから行くことになっていて、いちおう午後に週三回ぐらい行かせてくれるのですが、その先輩が午前中の仕事が終わって午後、英会話学校に、エレベーターに乗って下りて行こうとしているところで、たまたま一緒になりました。

ところが悪いことに、そこに重役が一緒に立っていたのです。「〇〇先輩、えっ、まだ英会話の練習の必要があるんですか」と私が冗談《じょうだん》のつもりでからかって言ったら、顔を真《ま》っ赤《か》にして怒ったのです。タコみたいになって本当に白い顔が真っ赤になったので、「なんでかな」と思いました。常務などがいっぱい後ろにいたので、「上司が見ている前で、こいつ、からかった」ということでしょう。

そういうことで、「チェッ、この野郎《やろう》！」というような顔をして、あとで復讐《ふくしゅう》がすごく来たわけです。ニューヨークに行ってから、私の悪口ばかりが東京に届いてくるのです。「ものすごい悪い奴《やつ》らしい」という、そんなものばかりです。もう、いっぱい悪い情報しか来ないというので、とうとう東京のほうも怒り出して、「いくら何でも、これは人間として、ここまで言うのは言いすぎだ」と言って『『こんなひどい人間を当社が採用して、次の研修生で送ろうとしている』と言うのは、われらに見る目がないと思っているのか」というような感じで、こちらの東京のほうが怒り始めて、ガチンコの喧嘩《けんか》のようになってしまいました。

まあ、そうです。その先輩には、「英会話の練習があるんですか」と言った一《ひと》言《こと》で、一年間〝祟《たた》られ〟ました。恥をかかせたから、それは私が絶対悪いのです。私が悪いのですけれども、でも、上司たちもまた神経が切れているから、「自分たちが見ている前で言ったということは、あいつはよほど自信があるんだろう」ということで、私が行くときには、本当は英会話学校に三カ月間行ってから現地に行っていいのに、なかったのです。「経費が安くなって助かる」「自信があるんだろう」ということで、本当に練習なしで行かされました。

さらに、英文タイプライターというものを、当時は打たなければいけませんでした。日本の場合は、普通はこれを打てる人はいませんから、タイプの練習をいちおうしてから行くのですが、私は英文タイプの練習と英会話の練習と、両方なしで行った〝初めての人〟なのです。

行ったら当然、「いじめてやろう」と待ち構えているので、到着するや否や、「こんな下手《へた》な英語を聞いたのは初めてだ」というような感じで、本当に意地が悪いですよね（笑）。「こんなに英語の下手な人がニューヨークに来たのは初めてだ」と言って、もうみんなでいびるのです。それは、ほかの人がどんな英語をしゃべるか知らないから、あれでしたけれども。

しかし、一年後、次の課長が来たときは、昔何年かニューヨークにいた人なのですが、やはりしゃべれなくて、ボソボソボソボソ、もう絶対周りに聞こえないように話していました。昔何年かいても、何カ月かはたいていしゃべれないのです。時間がたつとしゃべれないから、最初は、聞こえないように（口元に手を当ててヒソヒソ話をするしぐさをしながら）こうやって話しているのを見て、「あっ、やっぱりしゃべれないんだ」と分かりました。こういうふうに思うのは、ちょっと人柄《ひとがら》が悪いのですが、「先輩でもやはりしゃべれないんだ。前、六年もいたのに、しゃべれないではないか」と思ったことはあるのです。

まあ、「こんなひどい英語は聞いたことがない」と最初の一発目から言われました。

さらに、時差があります。時差も初めてで、まったく経験していなかったので、日本語で引き継《つ》ぎを言われても、聞こえないのです。ボーッとして時差で聞こえないので、「何が何か分からないうちに仕事が始まって」というような感じでした。映画ではそこのところはすごく短くしてくれていたので助かりましたが、それはもう大変でした。

だから、知らないことがいっぱいあるのです。

会社のルールとか、あるいは海外に行くためのルールとか、人とのコミュニケーションとか、礼儀《れいぎ》、上下のルールなど、まったく知らないので、いろいろな〝チョンボ〟が積み重なって、「とてつもない化《ば》け物のように〝人の悪い〟人間だ」というような噂《うわさ》をずいぶん流されたという話です。

「もし、それを全部やっていたとしても、まだ評判が悪かったかもしれない人」が、そういう尾《お》ひれが付くような悪さをいっぱい付けられて、流されて、けっこう鍛《きた》えられました。

電話の取り方や酒の誘《さそ》いへの対処が分からず苦労する

しかも、アメリカに行く前に、その先輩たちが「元気いっぱいで行ったら、絶対頭をガンガンに打ち込まれる」と見て、落ち込ませようとしていました。映画で泣くシーンが出るというのは珍《めずら》しいことで、監督《かんとく》が「こんなことないでしょう？」とちょっと反対したのです。「そんなこと、ここで泣くことはないでしょう？」と言われたのですが、「いや、実話なのでしょうがないです」と言いました（笑）。

向こうで、鬼《おに》のような感じで、「来たらいじめてやろう」とみんなで待ち構えているのはもう分かっているのです。「ああ、ここに行くのは……。しまった」と思いました。

もう口害《こうがい》です。〝口の害〟で先輩にただ一言、「えっ？　英会話に行かなきゃいけないんですか?」というようなことを言ってしまい、その一言が祟ったということです。

でも、私が英会話ができるなどとは全然言ってもいないし、そういう自信もなかったのです。けれども、「こいつは、いい学校を出ていると思って威張《いば》っているな」「バカにしたな」ということでしょう。「みんなで、いじめてやろうとして待ち構えているからな」と言われているから、それで日本の先輩が、「おまえはあれも悪い、これも悪い」と悪いことを総ざらいにして、あれもこれも、もう全部言ってくるのです。「電話の取り方からなってないし」という感じです。

電話に立ち上がって「はいっ!」と言って元気よく取ったことがあるのです。「新入社員は元気がいいほうがいいだろう」と思って立ち上がって取ったら、湯飲みがバアッと倒《たお》れてしまいました。それで「あれーっ!」と言ってしまったのです。その声が大きくて、フロアの向こうの端《はし》まで聞こえてしまい、しばらく一カ月ぐらい、私は「あれーっ！」という代名詞を付けられてしまいました（まだ歌になっていませんけれども、「ごめんよ」という代名詞の方もいましたが）。「あの『あれー』だろう？」などと呼ばれたことがしばらくあって、とても恥ずかしかったです。

その当時、電話の声は人に聞かれていい場合と、聞かれたらいけない場合があることを知りませんでした。そういうことを教わっていなかったのです。みんななんでゴソゴソと口元を隠《かく》してしゃべるのか、意味が分からなかったのですが、聞かれてはいけない内容というのがやはりあるわけです。

しかし、私はできるだけ聞かれたいから、大きな声を出して隅々《すみずみ》まで——上席《じょうせき》の者まで、私がどういう仕事をしているかをちゃんと聞き取れたほうがよかろうと思って——みんなに聞こえるように大きな声で、話を機嫌《きげん》よくやっていたけれども、「あいつはアホだ」と、みんなが言っている状況《じょうきょう》でした。でなければ、目立ちたがりか、すごくうぬぼれているか、アホか、どれかだという感じでしょうか。

あるいは、お酒に誘《さそ》われても、私はあまりお酒が飲めるほうではありません。しかし、〝歓迎《かんげい》〟と称《しょう》して、毎日、いろいろな人が入れ替わり立ち替わり誘ってくれました。さすがにもう参るから、「ちょっと、お酒は飲めません」と言ったら、「俺《おれ》の酒が飲めないのか」という感じで来るのです。これはどう処理したらいいのか分からない。「前の人とは飲んでいるのに、俺とは飲めないのか」と言われると、これには困りました。

これもいじめの一種か、社会訓練の一種なのかとは思います。どのくらいまでもつかを試していて、順番に呼び出して飲ませて、どこまでもつかを見ているのかもしれないとは思うのです。

しかし、「俺の酒を断るのか」と言われると、「ちょっとそういうわけにもいかず」ということで、ヨレヨレにされてしまって、翌日は〝チョンボ〟をし、書類上のミスを犯《おか》して怒られるというような悪循環《あくじゅんかん》はけっこうありました。

もう、半年ぐらいは、プールに飛び込んで上に浮《う》いてこないまま泳いでいる状態、潜《もぐ》っている状態の感じでした。あとは、それから出たとしても、海岸の砂地を走っている感じでしょうか。全力疾走《しっそう》しているつもりが、砂に足を取られて、なんだか前に進まない感じ。あの感じがずうーっと続いていまして、難しかったです。

一年目では「自分は経費だ」ということは考えてもいなかった

特に、学校では法律と政治学系統が勉強の中心で、外国為替などの勉強を取ったこともなく、まったく知らなかったのです。だから、デンとして座《すわ》っているのだけれども、仕事が分からない。それで、隣《となり》の人とか前の人とかに、「これはどうしたらいいのでしょうか？」と訊いたりすると怒られるのです。

怒られるというのは何かといいますと、それは仕事が忙《いそが》しいときに訊いているからなのです。東京の外国為替市場《しじょう》が開《あ》いているのは九時過ぎから三時ぐらいまでなのですが（当時）、この間はすごく忙しい。

三時を過ぎれば市場が閉まるので、書類をつくったりチェックしたり、いろいろするような仕事に替わってきて、少し電話の数が減ってきます。あとは訪問です。市場が閉まってからは、ほかの銀行から人がやって来て、面談をしたり、いろいろするような、そんな時間に替わってくるのです。

その間には、確かに、少し緩《ゆる》む時間もあるので、そういうときに訊けばいいのかもしれませんが、忙しくてワンワンとみんながやっているときに――こちらが分からないのはそのときですから――先輩に訊く、横に訊く、前に訊く。誰に訊いても怒られるわけです。

「この忙しいときに訊くなっ！」というような感じのことを言うので、「あれ？　そんなの上司として、後輩を教えるのは業務じゃないか」とこちらは思ったりするのですが、まさか「自分が、一年目は経費だ」というようなことは考えてもいませんでした。

当会では、ときどき、私がそう言われたことを（説法で）言っているので、理解してくれている人がいるからいいのですけれども。

もう四十年以上も前になりますが、当時の新入社員の給料だと年収は二百何十万円ぐらいなのでしょうが、「でも、一人当たり、一年間では一千万円の経費はかかるんだ」ということです。二百五十万円なら二百五十万円を払っているとしても、「会社の経費としては一千万円かかるんだ。赤字なんだ」というようなことで、〝自分が経費〟とは思わなかったけれども、そういうことも言われました。

各部や各課宛《あ》てに予算があって、使える経費の額まで割り当てが全部来ているのです。だから、新入社員が入ると、仕事能率は落ちているのに、予算は決まっていますので、その分、えぐれるのです。十人でやっているなかに、十一人目で一人新入社員が入ったとしたら、この人の分の給料が余分に経費で出ていきます。十人のベテランになっている人のうちの一人がチューター（指導役）で付いたら、その人も自分の仕事ができなくなっていくから、かなり、「何割減」に確実になります。そうすると、採算的には、課の採算は確実に悪くなるのです。そして、部の採算も悪くなります。

よっぽどお金が儲《もう》かって、タフタフしているような会社ならいいかもしれないし、もうずっと、かたちが決まっていて変わらないところ――百年以上やっているような企業《きぎょう》で、役所みたいになってきていて、もうかたちが決まっていて、「これをやれば、誰でも同じになる」というようなところなら、そういうふうにルーティン化してやってもいいかもしれませんが、仕事がどんどん変わってくるようなところだと、やはり、けっこう厳しいのです。

ですから、「採算を背負って仕事をしている」というのが、最初は分からなかったこともあります。

3　変化や競争の激しい企業《きぎょう》では、同じマニュアルは通用しない

マニュアル化できるもの、できないもの

おそらく、今年、当会の職員として入った方でも、「先輩《せんぱい》が付きっきりでちゃんと教えてくれない。一日、付きっきりで教えてくれない」とか、あるいは、「ちゃんとした業務マニュアルがないじゃないか。『これさえあれば全部できる』という業務マニュアルがあるべきだ。当然でしょう。当然あるべきなのにない。こんなのはおかしい」などと思う方はたぶんいると思うのです。

そういう方は、百年以上やっている企業《きぎょう》に行かれるか、役所に行かれるかでしょう。ただ、役所でも最近いろいろ変化が起きていて難しくなっていますので、

新しい事態で、「ちょっと対応できない」という役所も増えてきております。そうであれば、もうちょっと、そういう局面にない「市町村レベルの役所」に勤めれば、それでいいと思うのですが。

マニュアル化ができるところと、できないところがあるのです。基本的な部分についてはできる場合もあるけれども、変わっていくものがあるので、マニュアル化できないものがあるのです。それは本当に、社会の変動、取引先の変動と合わせて変わってくるので、できないのです。

だから、「なんでないのか」と言われても、それがずっと同じに使えるようだったら、その会社はもう動きのない会社です。だいたい固まっている会社なのです。新規のことをやっていたり、プランニングをやっていたり、取引環境《かんきょう》が変わっているとき、激変しているときなどであれば、マニュアルは全部、通じなくなるものです。

そのため、教えたくても教えられないものもあるのです。

競争力を高めるために「社員の平均年齢《ねんれい》」を下げていた商社で感じたこと

ただ、人員に余裕《よゆう》のある会社の場合は、教育を優先して、「十年ぐらいは教育」ということもありました。会社の学習単位みたいなものをいっぱいつくって、これを毎年、三個ずつぐらい取っていって、例えば、「合計で二十七個単位を取ったら十年後に海外に出してくれる」みたいなところも現実にあることはありました。しかし、そういうところは、ほとんどもう、能力というよりは会社の看板で仕事をしているところだと思います。あまり能力に差が要《い》らないところだろうと思います。

しかし、私が入ったところは、やはり競争しなければいけなかったのです。

競争するのに、どうするかということですが――みなさまがた、若い人の場合はそう思いたがるとは思いますけれども――「全社の平均年齢《ねんれい》」というものがだいたい出るわけで、社員の平均年齢が四十歳《さい》を超《こ》えている場合は、もうだいたい傾《かたむ》いていく会社と判定をされていまして、この平均年齢を下げるわけです。要するに、「三角形になっていて、下ほど多くて、上が少なくなっている会社」のほうが競争力が高いのです。

それはどういうことかというと、若い人を入れて競争して、できない人たちは間引いていかれて――辞《や》めていっているか、どこかに転職していって――できる人だけが残っていっているというかたちです。こういうふうになっている会社でした。

そういう意味で、「平均年齢で会社の成長率を見る」というのが一つの見方だったのです。

もう一つは、「役員の平均年齢」です。だいたい見れば、古い企業、財閥《ざいばつ》系の企業などは、役員に初めてなれるのは六十歳ぐらいです。六十歳から七十歳ぐらいの間にだいたい人が集まっていますので、役員の平均年齢が六十何歳というのが普通《ふつう》でしょう。このへんと非財閥系が競争するとしたら、競争力を高めるということで、社員の平均年齢もそうですが、役員の平均年齢も下げなければいけないということです。

実際上、私が入ったときでも、五十歳以上でポストを張っているのは、取締役《とりしまりやく》の財務本部長ただ一人で、ほかは五十歳までにみんなどこかに行っているのです。もちろん、他の部に出る場合もあります。もうちょっと暇《ひま》なところなどいろいろありますし、それから、商社には関連会社が百社も二百社もあるので、そういうところに、課長は部長にするなどポストだけちょっと上げて、給料だけ七割に下げるみたいな感じで、関連に出すのです。あるいは、取引関係があるような会社に転職させたりして、ザーッと減らしていくのです。

だから、「ちょっと厳しいなあ」という感じです。本当に一年か二年したらいなくなっていくことが多くて、五十歳以上になったらもう一人です。

まあ、ほかにもいたことはいたのですが、それは本当に髭《ひげ》を切られた猫《ねこ》みたいに、どんな人にでもお仕えする、おとなしいタイプの人であり、そういう人は唯《ゆい》一《いっ》、年を取っても雑用みたいなところにはいられるのです。しかし、やる気満々の人は、まずいられないので、いなくなっていました。

その前が四十歳で、もう一つチェックポイントがあります。四十歳で課長になれるかなれないかの線があって、「なれない」という判定をされた場合に転出になるというところではあったので、「厳しいぞ」と言われていました。

上司に言わせても、「世間《せけん》では、普通は『半年ぐらいは見て、それでだいたい判定する』とは言っているけれども、うちは半年は見ないから。三カ月ぐらいでもう、だいたいできるかできないかは判定するから」ということでした。
外国為替《かわせ》部門なども、新入社員が毎年入るのですが、翌年までにほかの部門に出されるわけです。残す人と残さない人に分けられて、残った人でも、例えば、海外に出せる人と出せない人に分かれるというような感じで、選別がものすごく早い状態ではありました。

こういうことがあったのです。知らないことはいっぱいあります。だから、「ああ、そういうことなのか」となります。

でも、私などは逆に――今の若い人たちの念の突《つ》き上げで、「ちょっと若いけど、自分らをもっと偉《えら》くしろ！」みたいな念波《ねんぱ》がいっぱいよく来るので、まあ、分かることは分かるのですが――一生懸命《いっしょうけんめい》働いて、評価してくれていたと思ったような人たちが、一年、二年で五十歳を過ぎていなくなっていくのを見ると、「何か寂《さみ》しいなあ」という感じはずいぶん強かったのです。「この会社は厳しいんだな」

と思いつつも、ちょっと寂しい感じというか、そういうものはありました。「もうちょっと頑張《がんば》っていただきたいな」という気持ちもあったのですが、「そうとう厳しい競争があるんだなあ」ということは思いました。

そういう意味で、「けっこう、上五年、下五年ぐらいは競争なんだ」というふうなことは言っておりましたが、なかなか厳しいものではありました。

ほかの人の仕事のやり方や判断を見聞きして勉強しなければいけない

社会人として働くときに、おそらくいちばんつまずいているのは、「業務マニュアルがあって、そのとおりにやればできるというものを『暗記しろ』というなら暗記して、それでやるけど」と思っている人はいると思うのですが、そうはできないのだということです。

例えば、当会の支部長とか支部の職員であれば分かると思いますが、支部に集《つど》っている人は千差万別《せんさばんべつ》です。本当に、幼稚園児《ようちえんじ》から、赤ちゃんから、お年寄りから、身体障害のある方、男性、女性、それから、「これから結婚《けっこん》したい」という人もおれば「離婚したい」という人もおり、「離婚して再婚した」という人もいます。あるいは「連れ子がいて、それはどうか」という人もいたり、「犯罪を犯《おか》してしまった」とかいう人も出てきたり、「病気になった」とか、いろいろ入ってくるわけですから、これを「全部解決できるマニュアル」などあろうはずがないのです。

私なら、例えば質問などをされたら、その場で答えますけれども、支部長は総裁ではないから、全部そういうふうには答えられるはずはありません。努力して、何とか教学をして本を読んだり、いろいろな経験をしてきたことで答えているはずですが、聞いている人は、満足する場合も、しない場合もあるとは思うのです。

そうしたところに新入《しんにゅう》で下に入ったとしても、「教えてくれるか、くれないか」ではなくて、ほかの人がやっている仕事とかを、ずっと見て聞いてください。そして、「ああ、こういうふうに判断するんだ」「こういうふうに言っているんだ」「いや、こういうふうに言ったほうがもっといいのかなあ」などというように、「自分だったらどうするか」ということを常にシミュレーションして、耳でもっと学習してください。

これは、私も言われて初めて気がついたことです。けっこう意地悪く言われた先輩にも教えてもらったことは多くて、「全部教えてくれると思うなよ。ほかの人が電話している、その電話の声を聞いて、仕事の内容、何をしているかを聞き取って、勉強しろ」と言うのです。

「ほかの人が電話をしている仕事を見たり、その前を通《とお》って『書類を見ている間に何をしているか』をちゃんと見て取れ」、あるいは、「課長のところに書類を持っていくときに、課長は今、何をしているかを見ろ。机の上に広げているものを見て、何をやっているのかを、『どの時間帯に、いったい何をしているのか』まで見ろ」と言っていて、「なるほど、そういうふうにするのか」と思いました。

悪く言えば、「仕事を盗《ぬす》む」という言い方もあるのですが、これは料理人でも一緒《いっしょ》です。ホテルの最高の料理人のなかでも、「なかなか出汁《だし》のつくり方や味の出し方は教えてくれないから、本当に、フライパンの底に残っているのを舐《な》めてみて、そして味を確かめて、『これは、どう配合したらこの味になるか』ということを研究する」と言っています。「教えてはくれない」と言うのです。それを教えたら、同じものをつくれるようになってしまうわけですから、これは秘伝なわけです。それを覚えたら料理長になれてしまうわけですから教えてくれない。〝秘伝のタレ〟のところは教えてくれない。だから、それを舐めて覚えるのです。

そういうことで、最初は皿洗いばかりやらされたりしたりしています。

郵便はがき

料金受取人払郵便

赤坂局
承認

7320

差出有効期間
2025年10月
31日まで
（切手不要）

1 0 7-8 7 9 0

112

東京都港区赤坂2丁目10－8
幸福の科学出版（株）
読者アンケート係 行

フリガナ お名前	男・女	歳
ご住所 〒 都道府県		
お電話（ ） －		
e-mail アドレス		
新刊案内等をお送りしてもよろしいですか？ [はい（DM・メール）・ いいえ]		
ご職業 ①会社員 ②経営者・役員 ③自営業 ④公務員 ⑤教員・研究者 ⑥主婦 ⑦学生 ⑧パート・アルバイト ⑨定年退職 ⑩他（ ）		

プレゼント＆読者アンケート

『若い人の仕事術入門』のご購読ありがとうございました。

皆様のご感想をお待ちしております。下記の質問にお答えいただいた方に、抽選で幸福の科学出版の書籍・雑誌をプレゼント致します。

（発表は発送をもってかえさせていただきます。）

1 本書をどのようにお知りになりましたか？

2 本書をお読みになったご感想を、ご自由にお書きください。

3 今後読みたいテーマなどがありましたら、お書きください。

ご感想を匿名にて広告等に掲載させていただくことがございます。

ご記入いただきました個人情報については、同意なく他の目的で使用することはございません。


ご協力ありがとうございました！

アンケートは、右記の二次元コードからもご応募いただけます。

そのように、ほかの人の仕事や、その仕事の残りなどを見て、何の仕事をやっているのか、どういうふうにやっているのか、あるいは、ほかの人が電話で交渉《こうしょう》相手と苦戦してやっているのを聞いて、なぜ苦戦しているのかなどを見るのです。あるいは、外の人と面談するときも、陪席《ばいせき》をさせてもらうときには、どういうふうな言い方をしているかを聞きながら、「ああ、こういうふうにやるんだな」という勉強をしなければいけないわけです。

うちの場合は、例えば、本とかがたくさん出ていますので、教学に当たるものがそうとうあることはあります。それをやれば自分でできることもいっぱいあるのに、それをやりもしないで、「どうしたらいいんですか」などと訊《き》いてくるのは、〝間《ま》が抜《ぬ》けている〟としか言いようがありません。

教学しても、「こういう場合だったら、これはどうなるんでしょうか」というような場合もあるとは思うし、それを訊くことも大事だけれども、訊かなくても、ほかの人たちがすでにやっていることがいっぱいあります。その人たちとしては、「なんで、あのときにあれをやっていたのに、こいつは見ていなかったんだろうか」とか「聞いていなかったんだろうか」とかいうふうに思うわけです。だから、いろいろです。

運転手をするのでも、人によって違《ちが》いはそうとう出るもの

車の運転などもそうです。うちも支部に行ったり海外に行ったりすることもあるので、新入職員になる場合には運転免許《めんきょ》を取るように勧《すす》めているとは思います。ただ、（運転手として）運転をやらせても、やはり違《ちが》いはそうとうあることはあるのです。

車の運転といったら、「目的地にちゃんと安全に着いて、安全に戻《もど》ってくればいい」と思っているでしょうが、判断しなければいけないこともあります。「お

昼が引っ掛《か》かったら、自分は食事していいのか、悪いのか。どこまでならいいのか」とかいうこともあります。あるいは、待っている間、車を寄せて本を読んでいる人もいるし、私の講演のＣＤを聴《き》いている人もいます。

また、例えば、昔だったら、空港まで送ってもらうこともありましたけれども、空港に着いて、私が車を降りて空港に行ったら、それで帰ってしまう人もいました。しかし、賢《かしこ》い人だったら、やはり飛行機が飛び立つかどうかまで確認するまでは帰らないで、ちゃんと残っているのです。もし、飛行機が飛ばなかったら、車がまた要ります。いったん帰るとか、どこかホテルに寄るとかいうこともあるので、飛び立つかどうかまで確認してから帰る人もいました。

やはり、仕事によっても、普通の単純作業ではなくて、それに「解釈《かいしゃく》」とか「考え方」が少し入るのです。

最初のころの運転手で、自衛隊から来た人がいたのですが、自衛隊なのでジープの運転をしていたということで、デコボコ道の荒《あら》いところをけっこう走りまくっていたようです。乗せていた人は将校で、偉い人だったらしいのですけれども、もう、山をガンガン走っていた人なので、羽田《はねだ》に運転して連れていくとなったら、正面の横断歩道のいちばんど真ん中にバーンッと車をつけて、そこでドアを開けて降ろす。周りからはもう非難非難の山で、「何だ、これは」「横断歩道のど真ん中に停めて堂々と降ろして」という感じでした。

ただ運転手のほうは、「この人は偉い人だから当然なんで」と思っているわけで、周りからは非難の目でガーッと見られているのですが、まったく気がついていないのです。背中に〝目〟がついていない、まったく気がついていない、そういうようなこともありました。

けれども、ちょっと考えれば分かることです。「ほかの人がどう見るか」ということを考えれば、分かることです。

そういうふうに、「周りの人はどういうふうに見ているか」とかいうことも考えなければいけないし、全部にマニュアルがあるなどと思うのは甘《あま》いのです。材料はもう、ふんだんにいっぱい、本としては出てはいるので、自分で勉強できるところはしたほうがいいでしょう。

4 毎日の努力で一歩でも前進する

努力して国際ニュースや経済などアップ・トゥ・デイトな情報を入れよ

自分で勉強できない部分、本になっていない部分として、当会の場合は、宗教的な部分以外の話もあります。

例えば、国際政治経済、経営に関する話などもすることもありますので、そうすると、新聞とかニュースとかを見ていないと、ついていけないことがあるのです。思わぬときに会員さんから訊《き》いてくることもある。まったく知らないと答えようもないということもある。しかし、いつ、これを勉強したらいいのか分からない――これも、各人の努力です。「どのように、いつ、それをやるか」なのです。

〝間《ま》の抜《ぬ》けた方〟になると、新聞をいっぱい取って、本部に行ってから、午前中いっぱい新聞を読んでいる人もいます。これを言ったら、ギクッとする人はたくさんいると思いますけれども、午前中いっぱい新聞を読んでいます。仕事がないのです。だから、新聞を午前中いっぱい読んでいる。

そんなことは、普通《ふつう》の会社であれば、「会社に来る前に読んでおけ」と言われることです。会社で読んでもいいとしたら、始業時間より前なら許されるかもしれませんが、始業時間より前でも、もう上司がいっぱい並んでいるところでは新聞なんか読んでいられないのです。上司が来るより前なら読んでもいいけれども、上司が来ていたら、新聞なんか読んでいたら、「あいつはもう駄目《だめ》だ」と言われることでしょう。

だから、読み残したものは、お昼ご飯《はん》を食べに行って帰ってきて、昼休みの残りの時間に読んだりとか、そういうふうにするわけです。

だいたいは、「出てくる前に読んでこい」と普通は言われるものですので、「早起き苦手《にがて》なんで」などと言ったら、それでもう負けているのだということです。こういうことがあります。

国際ニュースや、経済、あるいは、最近はウィルスなども勉強しなければいけないかもしれませんが、ほかのものも出てくるし、新しいものも毎回出てくるので、やはり、そのアップ・トゥ・デイト（最新）な情報も入れなければいけません。これは各人の努力なのです。これは難しい。

例えば私が商社にいたときでも、いろいろな試験――英語の試験だとか業務知識の試験だとか、いろいろなものをやるのです。やっているのですけれども、独身寮《りょう》に帰ってみると、みんないやしないのです。営業系統の人は帰りが遅《おそ》い。お付き合いとかがいろいろあり、帰りが遅いから、誰《だれ》もいない。早い時間に帰っているのは管理部門の人ですが、営業部門は帰っていないのです。

それなのに、試験になったらちゃんと点を取るので、いったいどこで勉強しているのだろうかと、やはり不思議で不思議でしょうがない。考えられることは、夜中にやっているか、徹夜《てつや》でやっているか、ほかの何かでしょう。どこかでやるしかないのです。

どこで勉強しているか分からないのに、試験になるとちゃんと間に合わせて点を取ってくるので、「要領のいい人が、世の中、多いんだな」と思って、私は感心しました。私などは、もっともっと、たっぷりやらないとできるほうではなかったので、「要領がいいなあー」と思って、ちょっと驚《おどろ》いたことはあります。なかなかみなさん要領がいい。

それから、「お酒が飲めない」ということを、接待先などの相手に分からせないように、何時間か――二時間、三時間と、ちゃんと付き合える人もいるのです。全然気がつかない。何回も会っていても、気がつかない。「酒は飲めないんだ」

と、本人が言うまで分からなかった人も、やはりいます。

どうしていたかというと、「氷ばかり入れて、どんどん薄《うす》めていた。飲んでいるふりをしているけれども、薄めているだけ」とか、やはりあるのです。

あとは、相手が大食漢《たいしょくかん》の場合などは、食べるのが大変です。付き合ったら、もうとてもではないけれども胃を壊《こわ》してしまうような状態のときに、どうやって時間をもたせるかということでも、みんな苦労していました。そのときはなるべく野菜などを食べて、一緒《いっしょ》に食べているふりをしなければいけないのです。

コースが出てくる場合は、相手の速度に合わせないと失礼になります。向こうが食べている速度にいちおうは合わせなければいけないので、食べているふりをしながら、野菜か何かを食べて時間をしのいでいることが、けっこうありました。そして、ハイヤーに乗せて送り出したあと、パタッと倒《たお》れるとか、そのようなことはしょっちゅうあることで、そのくらいの努力はしていました。

最近、ある秘書の意見で、「韓国《かんこく》で『ミセン』というドラマが国民的ヒットで、サラリーマンのバイブルと言われている」というので観《み》てみました。二十話ぐらいあって、半分ぐらいしかまだ観ていないのですけれども、韓国の総合商社だというので、「どんなものかな」と思って、観てはいたのです。

インターンから始まっているので、仕事のレベルはかなり低いことは低いのです。それから正規社員になって、だんだんにいろいろなことを経験していくようにはなっているのですが、私が体験したことから比べると、やはり、韓国の総合商社のレベルはちょっと低いなと思いました。私の場合は、もうちょっと忙《いそが》しかった。あの〝三倍速〟から〝五倍速〟ぐらいの忙しさは確実にあったので、「そうとう暇《ひま》な会社だな」というふうに私には見えるのです。

それはたぶん、映画制作の人たちも知らないからでしょう。スポットが当たっている二人が話したりしているところはしっかり撮《と》っているけれども、ほかの人が仕事をしていないのがよく映っているのです。「あんなことはない」と言いたいところだけれども――うちの映画でも確かに、エクストラで雇《やと》っている人たちは大して仕事もしないでブラブラしていたから、こちらも恥《は》ずかしいなと思って映画を観ていて――「いやあ、そんなに暇ではないんだけどなあ」と思っていました。「エクストラのおじさんみたいな人がいっぱい座《すわ》っているけど、いや、実際の外為《がいため》というのはもっと若い人がいっぱいいるんだけど。安い人を雇ってきて、何か仕事をしているように座っているけれども、あんなのではないんだけどなあ」と思いました。

もう、なかなかこのへんはうまく言えないところなので、他人《ひと》様の批判をしてはいけないのかもしれませんが、「ちょっと仕事の速度が遅すぎるようなところ」とか「重要な判断がほとんど出てこないようなところ」を見ると、やはり、仕事のレベルとしてはもうちょっと難しい仕事をしていたのだなということは、自分でも分かることは分かるのです。

判断の〝切れ味〟がものすごくいい人は立場が上がっていく

そういう新人のトラブル、若い人たちのトラブルは、いっぱいあり、どこでも問題で、「何かテキスト化したものが欲《ほ》しい」というのは、みんなニーズはあるのだろうなと思います。

ですから、若い人はいろいろな経験をされると思いますが、頭のなかでは少なくとも何らか、自分なりにそれを抽象化《ちゅうしょう》して、「こういう場合にはこうしたほうがいい」というのが整理できるような頭に、なるべくつくっていってください。

それで、あとから来る人に、なるべく教えられるようなかたちに、簡単な言葉で教えられるように、整理していく努力はしていったほうがいいのではないかと思います。

今日は本当に、インターンレベルの話中心にしか言えませんでしたけれども、とにかく「マニュアルがないからやれない」と言うのですが、「宗教でマニュアルなんかあるか」ということです。あるのはほとんど儀式《ぎしき》の次第《しだい》とかで、そんなものはありますが、それ以外の宗教的生活そのものについては、それはマニュアルなんかありません。

お寺などでも、住職《じゅうしょく》さんがやっているのを見て、小僧《こぞう》さんは見よう見まねでずーっと手伝っているうちにそれを覚えるもので、訊いたら怒《おこ》られるのが普通です。そういう儀式的なものは多少あるし、その立場に立てばなるけれども、普通は教えてくれないことのほうが多いということです。

さらには「内容」の問題です。悟《さと》りの内容とか、あるいは、「人の悩《なや》みにどう立ち向かって答えていくか」みたいなことになってきたら、これはもう、その人自身の〝秘伝のタレ〟のつくり方にも近いものですので、それが上手な人は、はっきり言えば出世していくわけです。

支部長であっても、支部に人だかりができるぐらいになってきたら、もうそこには置いておけなくなって、もっと偉《えら》くなってくる。

本部にいても判断が必要ですが、そのへんの〝切れ味〟がものすごくいい人は、判断がいつも正しくて、それでスーッと仕事が進んでいくようだったら立場が上がっていく。しかし、その人の判断どおりにやったら、あとでもう一回やり直しの大変な仕事が起きるとなれば沈《しず》んでいく。これは、当然のことでしょう。

このへんの判断の速さも大事です。それはやはり毎日毎日、自分のやった仕事を振《ふ》り返ってみて、「よかったか悪かったか」「もうちょっとよくならないかどうか」、そういう訓練をすることで、よくなると思います。

それから、つらい日も多いと思うのですが、どんな日でも、「今日一日、何か一歩でも前進したかどうか」をチェックすることが大事です。「何かは今日やったか。何かは進んだか。単にダラーッと一日が終わったか。今日、新しく学んだことは何かあったか」――そういうことを検証していくことが、やはり大事だろうと思います。

5　判断業務の前に、まずは正確な仕事を的確にやること

基礎《きそ》的なことがきちんとできないと、信用してもらえない

前に言ったことはあるのですが、私も最初はそんなふうに〝チョンボ〟もして、怒《おこ》られながら育ったし、そろばんを投げられた話も出ていたと思いますが、今にして思えば当然だと思います。

例えば、コンピュータに伝票をインプットする女性がいるのですが、この入力伝票を私がよく間違《まちが》うのです。手本を見ながら写して書いているのですが、そういうことをあまりやっていなかったから、よく間違えて、エラーが出たら戻《もど》ってくる、差し替《か》えてくるのです。エラーの回数を見たら、よく間違うのが分かるわ

けです。

やはり、早いうち、若いうちは、とにかく正確な仕事、エラーしないで正確な仕事を的確にやることがまず最初だと思います。

そういうことをキチッとできないで、「自分は賢《かしこ》い」とか、「偉《えら》いんだからもっと判断業務とか、もっと高度な業務をやらせろ」とか、「映画に出てきたような銀行の支店長と渡《わた》り合わせろ」などと思うかもしれないけれども、そういう立場ではなくて、まずは基礎《きそ》的なこと、きちんとやるべきことをやらないといけません。そちらでミスがいっぱい出ているうちは信用してくれないのだということです。

ですから、そろばんを投げた課長でも、「今、事務みたいなものばっかりで面《おも》白《しろ》くないかも分からんけど、三年もしたら判断業務が回ってくるから、そのくらい我慢《がまん》しろ！」とやはり言ってはいました。

三年後というのは、これは映画に描《えが》かれているように、銀行の支店長とサシで会っている、あれが入社三年目なのです。普通《ふつう》はありえないでしょう。映画では「住吉《すみよし》銀行」になっていましたが、あの大手銀行の役員店舗《てんぽ》の人形町《にんぎょうちょう》支店というところは、ほかの商社も全部持っていて、大きな企業《きぎょう》の窓口だったのです。ほかの企業の交渉《こうしょう》担当者がどういう能力を持っているかまで、向こうも全部分かっているので、どこの企業がどういう攻《せ》め方をして交渉しているかは、全部持ってやっているのです。

そのなかでプライムレート（最優遇貸出金利）を出させた。〝六十年ぶり〟というか、〝史上初めて出させた〟というのが出ていますが、あれがどのくらい難しいかというのは、本当はやったことがある人なら分かることで、「ありえないこと」ではあるのです。それを出している商社はいっぱいあるけれど、自分の会社の系列の商社にしか出していません。これを引っ繰《く》り返すというのはどれほど難しいかということを、やったことがある人なら、おそらく分かると思います。

そのときに、映画のあの役者は、「私は全権を持って、交渉に臨《のぞ》んでおります」とか言っていますけれど、あれだけをまねして、どこかに行って「私は幸福の科学の全権を持って言っております」などと言っても（笑）、「本当に、先生はそういうふうに言っとるんか」と言われます。「いや、それは聞いていませんけども、まあ、いちおう私は担当なので」と言っても、先生に訊《き》いたら違うことを言うかもしれないような問題もあります。

（当会の職員に対しては）会員さんはそのへんを疑っています。信者はいつも疑っているのです。「あんたの、それは考えやろうが」と。「先生、そう言うか？　ほんとに言うか？」「上もそう言うんか？」と疑っています。「個人の考えだろうが。間違ってへんか？」とか、当会で三十年も勉強している人だったら、「そちらが間違ってないか」と言ってくるので、このへんで「全権持ってます！」

なんてまねをしたとしても〝チョンボ〟します。この点は、気をつけたほうがいいでしょう。

入社三年目で三十億円ぐらいの決裁権限を持って銀行と交渉《こうしょう》していた

あの映画の発言は、もうある程度、実績をそうとうあげてきているので、ああやって言っていますけれども、決裁権限が、私の場合はだいたい二十億から三十億円ぐらいは持っていたのです。

銀行の支店長といえども、当時は五億ぐらいしかなかったので、決裁権限が五億しかない支店長と、こちらは立場上はヒラだけれども、決裁権限としては二十億から三十億持っている人とが交渉《こうしょう》したらどうなるかということです。こちらは自分の判断で言えるのに、向こうは本店に訊かないと答えられないというのだったら、交渉にならないのです。「それじゃあ交渉になりませんね」と、こういう感じになるわけです。まあ、このへんが、商社での醍醐味《だいごみ》でもあるのですが、個人の能力によって、実はできる仕事に、ものすごく上下《じょうげ》があります。

あの仕事は、研修生で行ったニューヨークで、「駐在員《ちゅうざいいん》に切り替える」と言われたとき、五年ぐらいニューヨーク駐在員になるのを私は辞退したので、その代わりに、国内に帰ってきて与《あた》えられた仕事なのです。ほかの担当者は全部、職位としては課長職だったので、ラインのポストが空《あ》けば課長になれる資格をみんな持っている人たちのなかで、入社三年目の人が入って交渉しているのです。ほかの担当者と同じように、銀行を二十行ぐらい担当してやっているので、あれはものすごい、〝十五年飛び〟ぐらいでやっている仕事なのです。

それでも、グラグラ動いてくるので、人形町支店の支店長が「いったい何が起きているんだ」と不思議に思ったわけです。こんなに支店が〝ぐるぐる巻き〟にされて、振《ふ》り回されてきているのが分からないので、抜《ぬ》き打ちで、人形町支店に出勤しないで（私の勤務先の）赤坂《あかさか》まで来て、会社の上へ上がってきた。朝の八時に来たのです。

朝の八時というのは、ちょうど部長たちがいちおう揃《そろ》って、もう座《すわ》っている時間です。会社は九時十五分が正式に始業時間ですから、若い女の子たちは九時十五分ぐらいにギリギリに来ていますが、部長たちは八時ぐらいまでには来ていま す。私も最初はもうちょっと遅《おそ》かったけれども、とうとう朝、寮《りょう》で朝ご飯《はん》を食べたら間に合わないことが分かって、自分の部屋で五時台にパンを焼いて食べて、早く出て、その時間に何とか間に合って来ていたのです。

それで、缶《かん》コーヒー一杯《ぱい》、グッと飲んでいる瞬間《しゅんかん》に、その大手銀行の取締役《とりしまりやく》がいきなり来て、「あー、豪快《ごうかい》ですね」と。「えーっ!? 何? 何?」と思ったら支店長が来ているのです。「な、何のご用で」「いや、あんたの顔、見に来たんで」と言って、それで、応接間で二人で話しました。あの映画で描《か》いてあるとおりです。上司があとから来たけれども、「いや、彼に会いに来たんで、ほかの用はございませんから」「分かりました」と言って、それで帰っていきました。あれは実話です。そのとおりなのです。

〝朝の八時を狙《ねら》った〟というのは、勤務時間中だったら仕事ができるのは当然ですから、油断しているときを狙って来ているのです。「八時に来て何をしているか」「油断して来ている」と思っているところを狙って来ているのです。

銀行もたぶん朝は早かっただろうとは思いますが、そのときに会って面談して、人物を見に来ていました。「どういう人物がうちの支店を振り回しているのか」「本店まで動かされていて、こんなことは始まって以来のことなのでありえないから、どんな人か」と思って見に来たのです。

「見学に来る」というのは、私にはよくあって、いろいろなところで、銀行の上の人が見学に来るというケースが多くありました。「はい、〝見学ツアー〟ですー。一条悟《いちじょうさとる》さんを見に行きましょう」ではないけれども、本当に、重役みたいな人が一人単身で、ヒョコヒョコ来るのです。「いや、あの、上司がいませんが」と言ったら、「いや、君に会いに来たんや」みたいな感じで、けっこうヒョコヒョコ来るのです。まあ、上の人ほど暇《ひま》ですから、見に来て、それで「ふうーん」となる。

「で、これについてはどういうふうに思ってるの」みたいに、日本の経済とか、世界の何とか、いろいろなことについて質問を投げかけてきて、私がどう答えるかを聞くのです。それを「ふーん、ふーん」というような感じで聞いているのです。たぶん相手の銀行の下のほうが、「手強《てごわ》い」と言っているのだろうとは思うのですが、そういうのが何度もありました。だから、中身があるかどうかです。

普通、銀行というのは〝たすき掛《が》け〟は絶対しないのです。横が同じで、課長は課長、次長は次長、部長は部長、役員は役員というふうに横並びで、「たすき掛けはしない」というのが原則です。この不文律《ふぶんりつ》を無視して、かなり上のほうが出てきて直接、担当者とやらなければいけない状況《じょうきょう》まで持ち込《こ》んでいるというのは、自分の土俵《どひょう》に引きずり込んでいるわけで、交渉術としては、そうとう大変なものではあったのだということは、知ってほしいと思います。

まあ、映画をそのまま額面どおりはまねしないで、自分は自分流の性格とか、勉強とか、いろいろありますので、そういうのを考えてやってください。

そうとうな読書と社会経験もした上で行《おこな》った、三十歳《さい》での第一回座談会

最近、三十歳《さい》でやった第一回座談会「大川隆法第一声」も本になっていますが(『われ一人立つ。大川隆法第一声』〔幸福の科学出版刊〕参照)、活字になったのは三十四年たって初めてです。私はテープはちょっと最初に売りましたが、あとはやめて、もう出していなかったのです。活字で出さなかった理由は、「失敗し

た」と自分では思っている部分がだいぶあったので、遺《のこ》したくなくて出さなかったのです。ただ、活字にしてみたら、そこそこのことは言ってはいて、教団の将来についても言ってはいます。

私が「失敗したかな」と思った点は次のようなことです。

会社時代に、人事部に頼《たの》まれて、財務についての研修みたいなものを、講師で講義をやったのです。年齢《ねんれい》は若い人からけっこう上のほうの、ほかの部の人たちが来ていました。

しかし、私はしゃべるのがすごく速いらしくて、回転が速いので、難しいことを、もう銃弾《じゅうだん》みたいな速度でいっぱいしゃべるらしいのです。だから、あとで人事部長に会ったら、「君なあ、まあ、頑張《がんば》ってようしゃべっとったけど、一時間半しゃべっとったけど、ノート取れへんで」と言われました。「『ノートが取れん』ってみんな言うとるぞ、速すぎて。で、板書もせんかったし。聞いただけで分からんのやけどなあ」と言うので、「いや、レジュメが付いていたでしょう」と言ったら、「いや、あのレジュメだけで、あれだけしゃべられたらそれは無理や、理解できん」と言われたのです。

もうちょっとほめられるかと思ったら、「そうだったか、速すぎたか」と、がっかりして帰ったことがあるのです。

それ以来の話だったので、第一回座談会の話は「あっ、聞いてみたら速すぎた。この速さでは駄目《だめ》だなあ。聞く人の気持ちをもう少し考えていなければ駄目だなあ」と思って、少し反省しました。

第一回の講演会では、もう少し間《ま》を取りながら、話をちゃんとしているはずなのですが、第一回座談会ではちょっと自分としては「しまったかな」と思ったのです。しかし、なぜか会員が増えてきたという状況ではあったのですが。そういうこともあります。

ですから、「内容」も勉強しなければいけないですし、「スタイル」ですね、「手段・方法」、「スタイル」も大事だろうと思います。両方、勉強していかなければいけないということです。

初期のころの説法《せっぽう》も、今、本にして、もう一回出し直しつつあるので、みなさんの年齢がそのころの私に近づいてきたら、自分の話と比較《ひかく》してみてください。そのころには当会の支部長ぐらいにはなっているでしょうから、自分の話と比較しながら見てみてください。映画に出ているとおり、すでにそうとうの数の読書などもして、社会的な実務経験や海外経験もした上で話をしている人の、これが講演ですので、それがどのレベルまで行っているか、それは比較してやってみてください。

自分は「平凡《へいぼん》からの出発」と言っているけれども、そうとう仕事の速度は速くなっていると思います。頭の回転も速くなっていると思うので、多少違いはあるかもしれません。

「今の持ち場がつまらない」と思わずに、
「ほかの人なら違《ちが》う学び方をするかもしれない」と知ってほしい

今日は入門レベルですので、この程度で終わりにしますが、どうか、今の持ち場がくだらないとか、つまらないとか言わずに、「ほかの人だったら違《ちが》う学び方をするかもしれない」ということを、どうか知っておいてください。

何が役に立つかも分からないのです。

私も普通は、もう少し真面目《まじめ》な、説法の材料に関する勉強とかが中心でした。ところが、宗務《しゅうむ》のなかの人はちょっと知っているとは思いますが、映画がかかっている間は、私はあまり講演とか説法はできませんから――それをしたら支部のほうに人がやって来るから、あまりしないのですが――その間に、歌を五十曲以上つくったりしていました。カラオケ大会ではありませんが、マイクを握《にぎ》って歌っていたのです。

ですから、宗務本部に来て、「ここは難しい深遠な宗教の勉強を教えるところで、勉強するところだ」と思ったら、「先生は、一生懸命《いっしょうけんめい》歌の勉強している……」とか、そういうことがあるわけです。そしてその人が来たら歌いやすいけれど、「この人が来たら歌いにくいな」とかいう人がいたりすると、何か私のほうも態度が変わるとか、まあ、変なことがあるわけです。

自分も歌ったことがあるような人や、歌が好きな人が来ると私のほうも歌いやすいけれども、歌が苦手《にがて》な人が来ると歌いにくくて、「ちょっと、いや、これは歌えないいな」などということが、やっぱりあるのです。〝変な仕事〟がときどき入ったりすることがあるということです。

そして、映画が終わったら、また説法を始めたりしているわけです。こういうふうに変わってきます。断片《だんぺん》を見れば、何をしているか分からないかもしれないですが、宗教はその社会の森羅万象《しんらばんしょう》全部に関係があると、そう思っておいていいというふうに思います。

少し長めになりましたけれども、今日は、これが第一回目といたします。

第2章

若い人の仕事術入門②

―「乱気流の時代」の仕事と経営の基本―

二〇二〇年十一月二十一日　説法《せっぽう》

幸福の科学　特別説法堂にて

1　経営環境《かんきょう》の乱気流が起きるときに必要な覚悟《かくご》とは

先日のお話（本書第1章）に続きまして、今日は「若い人の仕事術入門②」という話をしようかと思っております。

今年（二〇二〇年）はコロナウィルスが流行《はや》ったこともありまして、経営環境《かんきょう》はかなり厳しく、経済的なものも不透明《ふとうめい》です。さらに、本当は個人の力や会社だけの力ではどうにもならないような、大きなうねりもあるかと思っております。政府絡《がら》みや、あるいは政府だけではなくて、ほかの国も含《ふく》めて国際的に、好景気を維持《いじ》するような条件がそう簡単につくれない時代に入っています。

例えば、JAL《ジャル》やANA《エーエヌエー》みたいなものでも、飛行機が飛ばせないような経営環境が出てくるなどというのは、ちょっと考えられなかったものだと思います。「いくら何でも、海外へ行くとしたら、もう飛行機しかないじゃないか」と思っていたと思うので、ちょっとショックでしょう。

例年、ＪＴＢみたいな旅行会社は、男性でも女性でも就職人気ではトップクラスでしたけれども、海外は行けないわ、国内旅行は制限されるわ、温泉旅館とかその他でも、場合によっては「来てくれるな」と言われたり、知事が出てきて「連休には来るな」と言ったりするのは、ちょっと考えられないことです。

知事が出てきて「当県には来ないでくれ」とか言うというのは経済的に見れば自殺行為《こうい》ですから、そんなことをまとまって県レベルとか都《と》とか府レベルで言うというようなことがありえるのだろうかと思います。

もう一つ、まあ、後《のち》の世に笑い話になるかどうかは分かりませんけれども、そうやって自宅待機、巣ごもりを何カ月かやらせたあと、急に、「これでは経済がベル」とか「Ｇｏ　Ｔｏ　イート」とか「Ｇｏ《ゴー》　Ｔｏ《トゥ》　トラ危なくなる」ということで、また政府のほうが音頭《おんど》を取って、「Ｇｏ　Ｔｏ　商店街」とか、いろいろなものをつくり出したりしています。

それも、今度はまた感染《かんせん》が流行ってきたら、「四人まではいいが、五人からは駄目《だめ》だ」とか「『Ｇｏ　Ｔｏ』に東京だけは外す」とか、もうややこしい、ややこしい。頭がおかしくなりそうで、経済原理がもう働かないでしょう。

だから、自由主義市場経済がまったく働かない環境が出ておりますので、ちょっと、これは珍《めずら》しい体験かなと思います。

百年単位ぐらいで見れば、いろいろな感染症《しょう》が流行ったりして、そういうことは起きているのかもしれないけれども、「一人の人生では一回起きるかどうか」ぐらいのことが、今起きているのかなというふうに思っています。

そういう意味で、「乱気流の時代」ではあるのですが、こういう病気が流行らなくても、また別の意味で、「経営環境の乱気流」というのは起きることがありますので、何が起きても、そのたび、そのつど対応していく覚悟《かくご》は必要かと思います。

ということで、そういう経営環境下、今年は、求人では（内定率が）おそらく七十パーセントを切って、六十八、九パーセントぐらいなのではないかと言われていますが、三割ぐらいは就職できない状況《じょうきょう》になるかもしれません。

また、大手もかなりのリストラはあると思うし、給料の高いところは、そうとうの減額あるいはボーナスのカットも行われるでしょう。

先ほど言ったＪＴＢみたいなところでも、今朝《けさ》の新聞を読めば「六千五百人削《さく》減《げん》」などと書いてありました。つい一、二年前、「就職人気ナンバーワン」とか、そんなことで入ったような人たちが大量に辞《や》めさせられる時代に入るのだと思うので、これはどこまで波及《はきゅう》するかはちょっと分かりかねるところもあります。

2 「資金」についての考え方とは

「地方銀行が危ない」ということは、地方の中小・弱小企業《きぎょう》に影響《えいきょう》が出るということ

いろいろな要因で株価が急に上がったりもしていますけれども、永続性があるような、株価が上がる要因がないのです。環境《かんきょう》の変化のなかでうまく、上がっていくところを「利食《りぐ》い」といいますか、利益を少しだけ抜《ぬ》くつもりで株を売ったり買ったりしているような、ちょっと頭の回転の速い人たちが株価を〝操作〟しているかもしれませんが、ファンダメンタルズというか、基礎《きそ》体力的な経済を見るかぎり、そんなに上がらなければいけない理由は特にないのです。アメリカで

あろうが日本であろうが特にないので、長い目で見たら信用はできないものかと思います。

一年前のエル・カンターレ祭でも、「地方銀行は来年危ないぞ」というようなことを私が言っています。「対策を打てば違《ちが》うかもしれないが、打たなければ九割ぐらい、もしかしたら消滅《しょうめつ》するかもしれない」みたいなことをちょっと言ってしまったのです（『新しき繁栄の時代へ』〔幸福の科学出版刊〕）。

そこまで具体的に言ったのは珍《めずら》しかったのですが、現実には、早めに言っておいたのが功を奏して、今年の一月ごろから、金融庁《きんゆうちょう》長官が地方銀行の頭取《とうどり》を集めてハッパをかけたり、いろいろしてはいました。

菅《すが》首相も、潰《つぶ》れる前に再編して合併《がっぺい》するなりして生き残るように勧《すす》めているようですし、日銀の黒田《くろだ》総裁なども、その方向で支援《しえん》するということは言っておりますす（収録当時）。ちょっと早めに悪いことも言っておいたので、思っていたほどは行かないところで済むのではないかとは思っています。

ただ、日銀が思うとおりに必ずなるかどうかは分かりません。

「地方銀行が危ない」ということは、「地方の中小企業《きぎょう》、弱小企業等の経営に影《えい》響《きょう》が出る」ということです。本当は潰れそうなところほど、お金を貸してもらわなければいけないのだけれども、潰れそうなところにお金を貸せば、銀行のほうの経済力が弱っていれば銀行が潰れてくるし、銀行が潰れると、連鎖《れんさ》してほかの安定していた企業まで潰れてくることがあります。

資金が上手に循環《じゅんかん》していなければ黒字倒産《とうさん》もありえる時代

企業は決算を出し、「黒字なら潰れず、赤字なら潰れる」と思っているでしょうが、それだけではないのです。貸借対照表上は黒字でも、潰れるところは潰れるのです。

なぜ潰れるかというと、マネーフロー、要するに「資金が続くかどうか」で、人間で言えば「血液」です。血液が循環《じゅんかん》しているうちは死にませんけれども、これが循環しなくなったら死にます。

推理小説などで言えば――今はどうかは私も詳《くわ》しくないから知らないのですが――注射器で空気を血管に打ち込《こ》んで、血液が流れないようにすることがあります。そんな空気の泡《あわ》を打ち込んだりすると、これが脳に回っていく。回っていったら脳の血管のあたりのところにも行くと、血が回らなくなったりしますから、そういうようなことで人が殺せるというのもあります。

それと同じように、お金もグルグル循環していればうまくいくのですが、循環しなくなれば潰れるということはあるわけです。

例えば、会社で今月の支払《しはら》いは一億円の予定があるとして、今月に入ってくるお金、売上金の入金が二億円あるとしたら、それは、計算上は二億円のお金が入って一億円の支出があるわけだから、一億円が差し引きで残るので、潰れることはありえません。

ところが、今月の一日《ついたち》に一億円の支払いがあって、月末に二億円の入金があるという状態なら、一カ月間、「一億円を払っても、会社を運営できるだけの運転資金」があればいけますが、もしそうでなければ、一億円を月初に払ってしまったら、あと月末まで運転するだけの資金がないというようなことになります。

だから、例えば、「月末に二億円が入ってくるかもしれないけれども、社員の給料は二十日《はつか》に払う」ということになっていれば、給料を払えなくなることだってあるわけです。

そういう意味で、資金が上手に循環していなければ、黒字倒産《とうさん》もありえる時代です。

こういうふうな資金の循環を上手に見るのも財務的な仕事ではあるのですが、

このへんの考えができない人がいると、「商売としては黒字が出ているはずなのに潰れる」ということが出てきます。

これが技術系の社長などには分からないこともあります。そういうアドバイザーがいればいけますが、いない場合には危ないこともあるということになります。

3　トータルで利益が出る仕組みを考える

日本の企業《きぎょう》は「営業・管理・製造」の三つの部門を中心にやっているところが多い

今日は、若い人の仕事の仕方についてお話をするつもりなのですけれども、業種によってちょっと違《ちが》いはあるので難しいのですが、ものをつくらないところであれば、基本的には「営業部門」と「管理部門」と、だいたい二つを持っているということです。

営業部門は、ものを売ったり販売《はんばい》を促進《そくしん》したりしてやります。それは自分でつくる場合もあるけれども、よそから仕入れて売る場合もあります。これがあって、あと、管理部門のほうが、例えば人事、総務、経理、財務、秘書、まあ事務局みたいなものもあるところもありますが、そういう管理部門があって、バランスも取らなければいけません。

お金の面や、人の管理の面、その他、会社全体の動きの面で見ている部門があって、あと、営業的に「行け行けゴーゴー」というか、とりあえず売らなければ収入になりませんから、それを増やすということをやっているところもあります。

さらに、銀行が機能している場合は、銀行から営業を推進するための資金を借りてきて、銀行から借りてきたお金と、営業が使うお金のところをうまく合わせて、「トータルで利益が出るようにする仕組み」も考えて、つくらなければなりません。

これ以外にもう一つ、日本の企業《きぎょう》として多いのは、メーカー的な、何かものづくりをしているところです。だから、「営業部門」「管理部門」「製造部門」、この三つを中心にやっているところのほうが、多いと言えば多いかもしれません。

そのメーカー部門のところは、基本的には何もないところから、いろいろな素材を買ったり部品を買ったりして別なものをつくり上げて、商品にして売るので、利益率が高いわけです。

自動車会社だったら、鉄一トンを買うのに幾《いく》らという原価があると思うのですけれども、この鉄一トンがいったい幾らに化《ば》けるかということです。

そういうことがあるわけで、この利益部分が高いから、人数は多めに採用できます。工場とかで人が多めにいられるのは、この利益の幅《はば》が大きいからです。

こうしたものをつくらないで、どこかから仕入れて売るみたいな問屋《とんや》業か小売業みたいな仕事ですと、利益幅は小さくなってきますから、上手に仕入れて上手に売って在庫をつくりすぎないようにしてやらないと、利益幅が低いために、経営的には、逆風が吹《ふ》いたりするとすぐ潰《つぶ》れる傾向《けいこう》はあります。

ただ、どちらかというと、高学歴になったり、社会的にちょっと汚《きたな》い仕事から離《はな》れていい格好をしたいタイプの人は、第三次産業、サービス産業以降の世界のほうに入りたがります。

実際、金融《きんゆう》だとか株だとか、そういうものをやっている人たちは、現実の商売をやっているような感じはあまりなくて、どちらかといえば〝虚業性《きょぎょうせい》〟というか、実際にモノが本当に実体があるのかどうか、分からない仕事をずいぶんやっていますし、今、進んでいる最先端《さいせんたん》のところも、そういうところが多いのではないかと思うのです。

だから、「銀行からものすごく大きな借金をして会社を買って、リストラをかけて会社の生産性を上げて付加価値を増したら、今度は前に買ったときより高い代金にして会社を売り飛ばして、利益を抜《ぬ》く」みたいなM&A（合併・買収）型、こういうところで働いているような人が、いわゆる頭のいい人というか、高学歴だったりします。あるいはアメリカなどに留学して経営を勉強してきた人が、ものづくりをしたり、ものを仕入れて実際に売ったりするのではなくて、そうした、もうペーパー上かコンピュータの画面上にしかないような商売をやっている人がいっぱいいて、そういう人たちが高い報酬《ほうしゅう》を得ている時代にもなっています。

今は流行《はや》っているものでも、どこかで売れなくなるときが来る

あるいは、コンピュータの世界でも腕《うで》の差はそうとうありましょうから、ゲームソフトがつくれるような人とかは、収入はたぶんいいだろうとは思います。普通《ふつう》の販売をしたり、ものづくりをしたりするのとはちょっと違って、画面上でのゲームをつくっていったりする仕事は、たぶん原価は低いけれども利益はそうとう出るから、収入もそうとう高いし、会社も儲《もう》かっているところはすごく儲かっているだろうと思います。

ただ、一方では、そういう頭のいい人が効率よく大きく儲けてはいるけれども、流行《はや》り廃《すた》りがあることはあるので、こういうものも、過去を見ると幾つかの波があって、潰れるときには潰れていっています。

例えば、インベーダーゲームみたいなものがすごく流行った時代もあります。私の高校生時代ぐらいのころかと思いますが、喫茶《きっさ》店に入ると、普通の机ではなくて（天板が）ガラスになっていて、その下にゲームが入っているものがありました。

宇宙人が攻《せ》めてくるのをこちらが撃退《げきたい》するみたいな、パチンコではないけれども、それにも似たような、（左右）両側から撃《う》って敵を潰したりするのを、いい大人がけっこうやっていたのです。今は見ませんけれども、そんな喫茶店がたくさんありました。

これで流行っていたときは、すごく流行っていたのだろうと思います。すべて今はもう瓦礫《がれき》となり、どこかのゴミになって消えているか、再生されているか何かでしょうけれども、そんなのが流行った時期もあるのです。

流行ればやはりつくらざるをえないし、つくって売らなければいけませんが、どこかで売れなくなる。そのときは厳しいときです。その「見切り」ができなければ潰れるのです。

また、私も実際に自分がやったことはないから、よくは知らないのですが、「たまごっち」みたいなものが流行って、いろいろな人がそんなものをやっていることもありました。関心がなかったので、私はやらなかったのですが。

そんなものは、いずれブームが去るのはもう確実なのだけれども、売れている間はどうしても開発してやっていかなければいけません。しかし、あるときピタッと風が止まるのです。そのときは、大量解雇《かいこ》、リストラが出ます。そういうものも出るのです。

それから、なぜかボウリングブームが起き、流行るときもあって、ボウリング場をつくってつくってするけれども、潰れていくときも〝ある日突然《とつぜん》に来る〟のです。突然に潰れてくる。分からないけれども、空気が変わってくるのです。サーッと変わってきます。

また、バブル期ということで、「バブル崩壊《ほうかい》」といわれている一九九〇年から九一年ぐらいのころのことをよく言うのですが、あのころなども、台湾《たいわん》生まれの邱永漢《きゅうえいかん》という人が——日本語を流暢《りゅうちょう》に書ける人ですけれども——「もう、とにかく普通の金儲けをしているのはバカバカしい」というような話をしていました。「とにかく、お金は銀行から借りてでもマンションを買え。一億で買ったマンションが、一年後、二年後にはもう二億になるのだから、一億借りてでも買って二億で売り飛ばせば、一億儲かるじゃないか。これをやらないバカがあるか」みたいな感じで言っていましたので、猫《ねこ》も杓子《しゃくし》もそれに入っていた時期もありますけれども、「因果応報《いんがおうほう》」で、ぶっ潰れるようになりました。

それから、そのちょっとあとぐらいだと思いますが、『金持ち父さん 貧乏《びんぼう》父さん』みたいなものが流行ったときもあります。ハワイの不動産王が書いたものだったと思います。ハワイから飛行機に乗ってきて、NHKに出て話していたのを覚えていますが、ロバート・キヨサキ氏だったでしょうか。二人のお父さんがいて、片方は高学歴で堅《かた》いところを狙《ねら》って就職していたけれども、収入は全然伸《の》びないお父さん。もう片方は、大学も行かなかったけれども、土地の投機で儲かることが分かって、土地転がしをして大儲けしているお父さん。どちらが得かといった感じのことを言っていたと思います。

ただ、その後、ハワイも不動産バブルの崩壊は起きているとは思います。

何が、あるとき流行るか分からない――。しかし、そのブームは必ず去っていくことも確実です。そして、同じかたちのものがずっと続くわけでもないことも事実です。普通の仕事形態でも、必ず潰れるときも来るということです。

マスコミがブームを取り上げ始めたら「危ない」と思ったほうがいい

ほんのちょっと前、トランプ大統領が誕生したころにも、日本で「ピコ太郎《たろう》」とかが流行っていて、まあ、私もよく分からないのですけれども、そのピコ太郎のものまねみたいなことをみんながしていて、「トランプ大統領の孫娘《まごむすめ》がはまっている」とかいうので、（日米首脳会談のときに）そんな話をトランプ・タワーでしていたのを覚えています。

ただ、流行っていたときに、「まあ、一年か二年かで終わりだろうな」とは、すぐに私は思っていました。そのあと、続きをもう一つ出しましたが、二年ぐらいでだいたいブームは去りました。まあ、個人だから別にいいのですけれども。そのときに儲けて、あとは堅実《けんじつ》に生きていれば生き延びられるとは思いますが、もし事業だったらきついでしょう。そんなふうに思います。

だから、「何かで当たる」とか「今、みんながそれに集中している」とかいうふうなことがありましたら、いちおう警戒《けいかい》はしたほうがよいのではないかなと思います。本当に賢《かしこ》い人は、ブームになる前にちゃんと仕込《しこ》んで、ブームの頂点が来る前にはもう逃《に》げていることがほとんどですので、テレビのワイドショーで取り上げたり、新聞の一面などに載《の》り始めたりしたら、だいたいもう危ないと思ったほうがいいのです。彼らは遅《おく》れていて、いつもだいたい終わりごろになったら言い始めることが多いので、「誰《だれ》も彼もやっている」というようなことを言い始めたら、だいたい終わりです。

ですから、いろいろ経験して感じることでは、「あまりロングヒットとかホームランばかりを狙わないほうが長く続く」という感じはしています。続いていけるやり方をなるべくやって、あまり大きなヒットを打ちすぎないほうが、仕事としては続いていきやすいということです。全体から嫉妬《しっと》を買うようなところまでやらないぐらいのところで、粛々《しゅくしゅく》とやっていくほうが、長く続くことは多いということです。

見栄《みえ》でＣＭや広告等をたくさん打っても発展するわけではない

先般《せんぱん》、ＨＳＵ（ハッピー・サイエンス・ユニバーシティ）の文化祭で、宗教学者の方が来て話をしていましたけれども、「神道《しんとう》であれ、旧仏教の諸派であれ、新宗教であれ、どこも数を減らして、みんな消滅《しょうめつ》に向かっている」というようなことを言っていました。それは、ある意味では当たってはいることなのですが、ただ、ちょっと勘違《かんちが》いのある部分はあるかなと思っているのです。

新聞に載ったり週刊誌に載ったりテレビに出たりすると、何か流行っているように見えるから、そういうときはいいけれども、出なくなったら、宗教が悪くなっているように思う方もいらっしゃると思います。しかし、経験から言うと、そうではないのです。

幸福の科学も、九一年以降、知名度が上がって、いろいろなところから知られたし、書かれたり批判もされたりといろいろして、ものすごくブームが起きているように世間《せけん》には見えるのですけれども、そういうときのほうが実は伝道などにおいては〝逆風〟で、しにくくて、またお金も貯《た》まらないのです。あまり貯まらないで、消費するほうが多いのです。目立たないようにして外に出ないようにしてくると、今度は伝道が進んで信者が増えて、教団のなかにもお金が貯まるという現象が、やはりありました。どうしてもそういうふうになるらしいということが分かってきたのです。

それまでいろいろな宗教がなるべく外に出ないように静かに潜《もぐ》っていた理由は、経験してみてよく分かりました。あまり注目されるということは、そこが流行る――商品みたいに流行るわけではないのです。「注目される」ということは、伝道などをするのも難しくなるし、見栄《みえ》を張っているから、お金を広告代とかいろいろなものに使ったりして、あまり貯まらない。逆に、見えないようなかたちで引っ込むと、信者が増えたり、お金が貯まったりするようになるということで、これはもう本当に、ものの見事にそのようになります。

ただ、マスコミも、「広告したりＣＭを打ったりしたら商品が売れる」という神話を維持《いじ》しないと、自分たちも生きていけないわけです。だから、ＣＭをいっぱい打ったり広告をいっぱい打ったりすれば、会社が発展しているような幻想《げんそう》を抱《いだ》かせています。「共同幻想」を抱かせているので、そう信じさせたい気持ちは持っていると思うのです。

現実には、ＣＭとか広告等をたくさん打てば発展するかといえば、そんなことはなくて、見栄体質のほうが強くなって、外から見える目ばかり気にしながら、実態は進んでいないということのほうが多いのです。

「波状攻撃《はじょうこうげき》の理論」で長く続けられることを考えている幸福の科学

ちょっとした考え方の差なのですが、要するに、「消費される体質」になってくると先細りになるということです。ボウリングが流行っても消費されるし、お立ち台（踊りのステージ）に上がってバブル期の踊《おど》りみたいなことをやっていても、これも消費されていくものだし、芸能系なども基本的には消費されていくものです。飽《あ》きられてくるものです。

人気がある人になってきたら、一年に五作も映画に出たりして、恋愛《れんあい》ものばかりいっぱいやっているけれども、やはり、人はだんだん飽きてきます。同じ人ばかり出てきて、ちょっと相手の男性を替《か》えて出てはくるのですが、だんだん飽きてくる。この飽きてくる感じを知っておかないと、やはり厳しいものはあるということです。

宗教でもそうです。伝統宗教は長くやっているから、ローコストで、大したインパクトのある内容や商品がない状態で、維持できるようなかたちをずっとやっていたわけですが、新宗教が活発だから（企業の）まねをして、何か活発なことをやろうとして経営危機を起こしているところはいっぱいあるわけです。

それから、新宗教の場合は、会社などに勤めていたのを辞《や》めて始めたような人が多いので、多少、企業的なものの考え方をする人が多いことは多いのです。そうすると、やはり、新商品を売り出したり、新事業をつくったり、いろいろなかたちで人を惹《ひ》きつけて、信者を増やそうとしたりするわけなのだけれども、これは「宗教自体が消費される」ということも知らなければいけないわけです。何年かしたら飽きられてくるわけです。そして、離れていく人が出ます。

また、ソフトが単純なところ、例えば先祖供養《くよう》一本とかでやっているようなところで、宣伝を打って打ってしても、一時期は入っても、一年もしたら飽きられてきて、「十分、先祖供養したから、もう成仏《じょうぶつ》して終わっているんじゃないですか」みたいな感じで辞めていく人が増えてくるようなかたちで、すくってもすくってもこぼれ落ちていくような感じの仕事をしているところは多いのです。

当会は、来年（二〇二一年）で立宗《りっしゅう》三十五年、大悟《たいご》四十周年になるのですが、繰《く》り返しいろいろと新しいものを発射しているとは思うのですが、どれもピークまで行かないところで止めてはいるのです。

それは、経営の理論でも言っているように「波状攻撃《はじょうこうげき》の理論」です。小さな波を繰り返し繰り返しつくっていっています。大きな波でバッサーとやって引いていく感じにはならないように、小さな波をつくって、いろいろなものを、いろいろなところをちょっとずつ攻撃して、そこのマーケットを完全に取り尽《つ》くさないようなやり方をしています。

だから、教えなどを見ても、基本的な特徴《とくちょう》としては、いろいろな教えを持っていて、少しずついろいろなところを攻《せ》めてはいますが、完全にそれを取り尽くすようなところまではやらない。そして、みんながそれで飽きてしまうようなことはしないようにしながら、長く続く方法を考えているわけです。

国の経営も個人の経営も、「どうやったら長く続いていくか」を考えていかねばならない

このへんで、ちょっと、個人の経験に基《もと》づいて、あとに伝えていかねばならないことというのを言わなければならないと思うのです。

やはり、「どうやったら長く続いていくか」ということは、考えていかねばならないことではあります。

税金でもそうなのですけれども、国が長く発展・繁栄《はんえい》していくためには、税金

というのは、浅く取って、広く取って、長く取らなければいけないのです。税率が高すぎて、深掘《ふかぼ》りしすぎると、みんな、もう払《はら》う気がなくなって働く気もなくなってくるから、払ってくれなくなります。

税金を払わない方法は、それはいくらでもあります。働かなくてもいいし、収入を減らせばいいわけですから、怠《なま》ければ払わなくて済むのです。

だから、深掘りしすぎたら、期待したようには入らないし、それから、「特定の人に集中して取る」「儲かっているところだけ集中して深掘りする」ということをやったら、そこもそんなに働く気はなくなってきます。

「お金があるところから取って、ないところに撒《ま》けばいいのだ」という単純な理論で、たぶん、バイデンさんなどもそんな考えだろうと思うのです。単純な理論を持つ人は多いのだけれども、いや、そんなことはないのであって、それをずっとやっていたら、誰も働く人がいなくなっていくだけなのです。

長く続かなければいけないので、「長く続くものかどうか」を見なければいけません。

消費税というものを導入してからあと、本当の好景気を日本も経験していません。消費税というのは「浪費税《ろうひ》」に聞こえるので、どんどんどんどん上げていかれると、要するに「消費するな」と言っているのと一緒《いっしょ》ですので、みんなお金を使わなくなるのです。だから、消費を中心とした景気が上がるということはなくなってくるということです。

そういうことがあるので、思い違いはけっこうあるものだなというふうに考えます。

ですから、まあ、難しい。本当に、国の経営も難しいのだけれども、個人の会社の経営などもなかなか難しいものがあるなと思います。「どういうふうにして、そのなかで上手に生き残っていくか」というのは、とてもとても難しいことです。

4 「採算」の考え方――「収入」と「支出」の基本を知る

一社員や若手であっても大事な「採算」というものの考え方

基本は、やはり「収入が支出より多い構造を維持《いじ》する」ということです。収入の中心となっているものは、「商品の単価×売れた数量」です。「単価×数量」、これが「売上の実体」です。服なり、本なり、機械なり、車なり、何でもいいですけれども、一個当たりの「単価」「値段」に、「数量」「どれだけ売れたか」を掛《か》ける。「収入の基本」は、ここにあります。

「支出の基本」は何かというと、人件費と事務所代、光熱費、水道代、あるいは、借金している場合は銀行に払《はら》う利子、このへんが支出になっていきます。

この収入と支出を比べて、「収入のほうが多くて支出が少なくなる構造」をつくっていくことが大事です。

その意味で、個人個人であったとしても、社員の一人あるいは若手の一人であったとしても、こうした「採算のものの考え方」を持てるということはとても大事なことです。

例えば、「営業で売上を増やすには、交際費をバンバン使って接待して楽しい遊びをいっぱいつくり出して、お客さんの人気を取れば、それは売上が増えますよ」と言うかもしれません。しかし景気がいいときには、交際費というのは営業部門にはよく付いているのですけれども、悪くなったら削《けず》られていきます。

そんなに飲み食いさせて遊ばせて、そして契約《けいやく》を取ったとしても、そちら（営業部門）が恒常《こうじょう》的にそのお金を使うような状態をつくりますと、残念ながら支出が増えてきますので、利益は落ちていくことになります。

だから、「効果的かどうか」というところを考えないといけません。効果的でないと駄目《だめ》なのです。たまに使うと効果があることもあるけれども、いつも当たり前になっていたら、効果がなくなってくるものもあります。

そういうことで、会社全体でも大事なことですが、個人でも、やはり経営的な頭脳、マインドを持った個人ではなければいけないし、時代の流れをよく見なければいけません。

大きく言うと、「猫《ねこ》も杓子《しゃくし》も」という感じで、何でもかんでもみんなやりたがり始めるようなものになってきたら、それは、だいたい引くべきときが来ているということは知ったほうがよくて、もう、そう長くはもたないと見たほうがいい。だいたい、見ていてそうなのです。みんなが「絶対、大丈夫《だいじょうぶ》だ」と言っているその翌年ぐらいに、だいたい駄目になることが多いのです。

あえて構造改革をし、もっと強くなろうとしている幸福の科学

そういうこともあって、「勝ち方」というのはけっこう難しいのです。

本当に、ちょっとだけ成功して、採算が取れて、――関西弁で大阪《おおさか》の人が言うような、「商売どないでっか」と言われたら――「まあまあでんなあ」で済むぐらいのところで、上手に逃《に》げておかないといけません。

「もうぼろ儲《もう》けですわあ」みたいな感じで言ったら、「えっ!? ほんとですか」ということで、「何をやって、ぼろ儲けしたんかなあ」と、みんながウワッと来るようになったら、それはちょっと危ない。もう一瞬《いっしゅん》で潰《つぶ》される恐《おそ》れがあるので、ぼろ儲けには見えないようにはしたほうがよくて、「まあ、何とかしのいでいます」というような感じでやれるぐらいにやっておかなければいけないのです。まあ、虚々実々《きょきょじつじつ》、難しいところはあるのかなというふうに思っています。

当会でも、昔懐《なつ》かしい一九九二、三年ごろにやったことがあるのですが、今、本部職員、つまり「間接部門」を減らして、「直接部門」という営業部門のほうに出すというようなことをしています。

これは、会社の収支などが悪くなったときにやるやり方なのですけれども、だいたい、普通《ふつう》にやると、営業部門が七割ぐらいになって、管理部門が三割ぐらいの比率になるのです。それで、会社のほうの収支が悪くなってきたら、管理部門のほうを少し減らして、営業部門のほうにシフトしていくのです。

営業部門の人数を増やしたら、やはりちょっとは収入が増えますからそうしていくので、きつくなってくると、営業部門を八割にして、管理部門を二割に減らしたりします。しかし、管理部門をあまり削りすぎると、今度はまた、会社の運営がうまくいっていないのが分からなくて、〝ポシャッて〟しまうようなこともあるというところです。

今、当会も、「いろいろなものをつくったりしているけれども、やや、売り込《こ》みというか、販売《はんばい》、頒布《はんぷ》が少ないのではないか」ということで、少しそちらのほうに力を入れ始めているわけです。けれども別に、経営的に危なくなったからそうやっているわけではありませんから、それは心配されなくても大丈夫です。

一九九二、三年のころは、九一年の広告・宣伝、戦い等が大きくて有名にはなったのですが、現実には真っ当な仕事を続けていくのが非常に難しい状態になったために、ちょっと構造改革をしなければいけなくなったのです。

しかし、今は世間様《せけん》の流れとは逆で、教団全体はいっそう黒字体質を強めています。強くなっているのですが、「強くなっているところが、『もしかしたら経営が危ないのかもしれないと思うような会社』がやることを、今あえてやっているということは、どういうことか」というと、もっともっと強くなろうとしているということです。

レンタルを自前のものに変えて「永続性」を高めていくために必要な考え方

だから、もっとこうした当会の――まあ、商品ではありませんけれども――いろいろと発信しているものや、みんなに聴《き》いていただいたり買っていただいたりするようなものを、もう一段、広げないといけません。

例えば、自前で建てている支部精舎《しょうじゃ》もあるけれども、レンタルでやっている支部みたいなところもあります。そういうところ、レンタルの支部が自前のものに変わっていくということは、「資金の内部からの流出、外への流出」が減っていくわけで、「永続性」が高まってきますので、そういうふうに変えていく必要があります。

レンタルのものが自前のものとして建つようにするにはどうしたらいいかとい

うと、やはり、それは、ある意味での利益が増えていかないと難しいということです。だから、その利益がたまってくれれば、それを変えていけるシステムになっているということです。

このへんは、本当に考え方一つでどうにでもなるので、難しいところです。まだいくらでも増えていきそうな感じで、かたちが固まらないような場合は、レンタルでやったほうが賢《かしこ》い場合もあります。ものを持ってしまうと動けなくなって、大きさが決まってしまうので、それ以上、大きくならないのです。

自前のものを建てたら、千人やそのくらい入るぐらいのものなら建ちますが、もし東京ドームみたいなものを自前で建ててしまったら、これは、完全な赤字が出るのはたぶん確実です。毎日、東京ドームで講演したとしても、人が来るわけがありませんので、やはり貸し出さなければいけないという仕事が出てくるけれども、宗教がつくった〝東京ドーム〟に、いろんなものが借りてきてくれるかどうかと言われると、ちょっと難しくはなります。

立正佼成会《りっしょうこうせいかい》も、立正佼成会のホールのようなものがあって、五千人ぐらい入るのでしょうか。階段状の、五千人ぐらい入るものがある。貸し出しもしていましたが、そうは言っても、やはり、ほかの教団のホールを借りてまで講演会をしたいとは思わないでしょう。そういうこともあるので、やはり難しいところはあります。

だから、宗教になってきますと、共有のビルでいろいろなものが雑居しているというのはだんだん難しくはなってくるので、次第《しだい》に、それほど派手でなくてもいいから、地味でも長く続くような感じの仕事形態をつくっていかねばならないということです。

宗教学者が言うところの「宗教消滅論《しょうめつろん》」も、公称《こうしょう》人数が減っていますから、ある程度そのとおりなのかと思います。ただ、あくまでも公称人数だけでの考えです。幸福の科学を始めたころの新宗教の総公称人数から減った分だけ、幸福の科学の公称人数（が増えた）分ぐらいになっていっているような感じで、ちょっと変な気はするのですけれども、このへんはミステリーで、分からないほうがよろしいのではないかなと思います。

5　経営理念はなぜ大切なのか

会社には「経営理念」というものがある

そうした「変革期の生き方」というものが非常にテーマになりやすいのですが、「変革期の乗り切り方」も大事ですけれども、通常のときに、普通《ふつう》にみなさんがやれているようなときに潰《つぶ》れるような体質というのは、もっと〝弱い体質〟ですので、ここのところは、やはり頑張《がんば》らないといけないところです。

だから、若い人たちは、通常の会社の業務をやっているときに、これを潰さないぐらいの基礎力《きそりょく》は持たないと駄目《だめ》になります。

ここで知ってほしいのは、「会社には経営理念というものがある」ということです。それぞれの会社の拠《よ》って立つところ、「当社は、これを目的にしてやっています」というものがあるということです。

例えば役所なら、環境省《かんきょうしょう》みたいなところだったら、「環境をよくする。地球温暖化をなくす。CO_2の排出《はいしゅつ》をなくす」、それから「河川《かせん》の汚染《おせん》をなくして、湖の汚染もなくす」「騒音《そうおん》や臭《にお》いとか、そんなものもなくす」みたいな感じでやっていくことが環境省の成果でしょう。けれども、これを企業《きぎょう》に持ってこられると、とたんにどこも危険なことは大きいでしょう。

普通の〝工場活動〟をすればCO_2は出ます。だから、出ないようにしてやっていけるかといったら、これはそうとう考え込《こ》んでやらないと駄目です。「風力発電と太陽光発電をやればいいんだ」と言われても、太陽光発電をやるには土地が要《い》りますから、そうとう広大な土地を持たなければいけません。日本のこの狭《せま》いところで、広大な土地を買って発電だけすると、それで、「エネルギーを入れてクリーンでしょう」みたいに言っても、それは下手《へた》をしたら会社が倒産《とうさん》しますから、このへんの計算は大事でしょう。

あるいは、「いやいや、大丈夫《だいじょうぶ》、大丈夫。政府と絡《から》んでやる政商みたいなものが、ゴビ砂漠《さばく》に太陽光パネルをいっぱい並べて、安い料金で大量の発電をして、それをケーブルで日本海の底から日本に送りますから、大丈夫です」などと言われて、話に乗せられても、そんなのは、もしケーブルが通っている国と仲《なか》が悪くなったりしたら、どうなるか分かりません。〝生殺与奪《せいさつよだつ》の権〟を握《にぎ》られることになります。

ガスのパイプラインでもそうでしょう。もし、仲が良ければいいけれども、喧嘩《けんか》をしたり戦争をしたりするような国を通っている場合だったら、ガスが入ってこないことはあります。

こういうこともあるので、それぞれのところで理念はあると思うのですが、その理念ができるだけ維持《いじ》されていくことで雇用《こよう》が護《まも》られるということは知っておいたほうがよいでしょう。

大塚《おおつか》家具に見る、「創業の理念」を変えることの難しさ

その「創業の理念」が通じないような時代になった場合には、それはそれなりに考えなければいけないけれども、企業としての存立基盤《きばん》を揺《ゆ》るがすことにもなるということです。

例えば、家具メーカーみたいなところだったら、どんな売り方をしてもいいような気はするのですが、有名になったものでは、大塚《おおつか》家具みたいなところがあります。お父さんが社長の代には「親・子・孫、三代にわたって利用していただけるような、そういう付き合いをして家具を売っていく」というのを基本スタイルでやっていました。

ところが、一橋《ひとつばし》大学を出て、外国留学をして外資系の企業を経験したような娘《むすめ》が二代目を継《つ》いだら、アメリカ流の経営をし始めました。短期間で成果が出るようなやり方で、いつものおなじみさんばかりに買ってもらうのではなく、飛び込みでも買ってくれるような会社にしようとして変えたのです。

そして、それで経営を何回も立て直したりしたのですけれども、とうとう、最近、娘さんのほうが退社して、「会社としてはどうなるか。ちょっと漂流《ひょうりゅう》するかもしれない」というような状況《じょうきょう》になっています。

経営理念の問題というのは、けっこう難しいものなのです。

「初代の教祖がつくった考え方」を変えた「生長の家《せいちょうのいえ》」を宗教分析《ぶんせき》する

会社と一緒《いっしょ》にしてはいけないかもしれないけれども、宗教などにもそういうところで「初代の教祖がつくった考え方」というものがあると思うのです。宗教というのはもう二千年でも三千年でも変わらないでこれを守り続けるところが残っていることが多くて、あまり簡単に変えられると困って分裂《ぶんれつ》していったりするのが普通ではあります。

この経営モデルとして宗教分析《ぶんせき》をするなら、面白《おもしろ》いのが「生長《せいちょう》の家《いえ》」という団体だと思うのです。

昭和五年に設立されていて、谷口雅春《たにぐちまさはる》さんが初代ですけれども、大本教《おおもときょう》で出口《でぐち》王仁三郎《おにさぶろう》のところの弟子《でし》をやっていて、『霊界《れいかい》物語』を口述筆記していた何人かのメンバーの一人ではあったようなのですが、（ご自身は）大本教が弾圧《だんあつ》をいっぱいされたのを見たようです。

戦争に反対して弾圧されているのを見て辞《や》めて、生長の家のほうで「よいことしか起きない」という教えを説いて、戦争応援《おうえん》型というか翼賛《よくさん》型になりました。だから、弾圧は受けなかったのです。戦後になって共産主義なども広がってきてからは激しい戦いにはなったと思いますが、初代が生きている間は続いてはいました。

初代は、早稲田《わせだ》の英文の予科中退ぐらいの学歴で始めたのですけれども、立宗《りっしゅう》は三十七歳《さい》ぐらいだったと思います。機関誌を刷ってリヤカーに積んで、奥《おく》さんと二人でリヤカーに積んだものを配って歩くみたいな、そんなところから始めています。

二代目は娘婿《むすめむこ》がやりました。こちらは英訳本を出すための翻訳《ほんやく》係として出版社のほうで雇《やと》った人だったのですが、娘さんと結婚《けっこん》しました。東大文学部卒の人を入れたのです。谷口清超《せいちょう》さんですけれども、この人には霊感がなかったのです。

初代のほうには、霊能力としてはそう大したものではない、出口王仁三郎などに比べればずっと低い霊能力ですが、ときどき自動書記が書けるぐらいのものがありました。ですから、全集などにちょっと、一、二ページぐらい自動書記が入るぐらいの程度の霊感ですけれども、書いたもの等には何かちょっと光が入っているような感じがするので、読む人はそれは分かります。

二代目になってからは、インテリはインテリなのですが、書いたものが、ちょっと、そういう霊感がないので普通の文章になってしまうわけです。

ちょうどそのころがコンピュータが進んでくる前ぐらいの時期で、ワープロというものが流行《はや》っていた時代です。生長の家の月刊誌などを読むと、二代目総裁が「ワープロを使って文章を書いている」ということを得意気《とくいげ》に書いていましたが、私は「あまりそれはよろしくないのではないかな」とは思っていたのです。まあ、近代的だということを言っているのだと思うけれども、ワープロで書いた文章は、当時でもやや無機質な感じというか、響《ひび》かない文章になる傾向《けいこう》はありました。

それを宗教でやったらどうなるかという実験でしたが、やはり文章から感動が来なくて、信者もそれは分かっていました。（私の実家の徳島県）川島町《かわしまちょう》辺りにいても、生長の家の信者で古い方が来たら、やはり「初代にはバイブレーションがあったけど、二代目にはバイブレーションがなくなった」というようなことは言っていました。

さらには、政治運動も、初代は「憲法改正」とかを推《お》し進めていて、「先の戦争は全部悪ではなくて聖戦の部分があった」ということをかなり言っていましたが、二代目からは政治のほうは引いていきました。

ただ、これには現実的な理由もあるのです。（生長の家は）当会みたいに政党をつくって自分たちで運動するところまでは行けなかったのですけれども、「自民党の議員で生長の家の信者であるという人をトップ当選させよう」みたいなことを運動でやっておられました。参議院議員で、参議院議員のドンになった方ではありますが、「その人をトップ当選させよう」ということで、もう六年に一回やるだけでも組織としては疲弊《ひへい》したので、撤収《てっしゅう》をかけて政治のほうからは遠ざかっていったのです。

三代目で初代と正反対の考えになり信者数を減らした「生長《せいちょう》の家《いえ》」

三代目になりますと、原宿《はらじゅく》辺りに本部が当時はあって、家も近くにあり、渋谷《しぶや》ぐらいまで歩いていけるぐらいだったので、青山学院の初等科、小学校からエスカレーターで上がって大学まで行って、法学部で国際政治を学んでいます。そのあと留学して、小泉進次郎《こいずみしんじろう》氏などと一緒のコロンビア大学の修士課程で国際政治の勉強をして日本に帰ったのです。

こうして向こうで勉強して帰ったら、普通はよくなるのかと思うでしょうが、初代と正反対の考えになってしまいました。向こうで国際政治の勉強をしてきたら、「第二次大戦は『ファシズム 対 民主主義』の戦いだったのだ」というようなことを教わって帰ってきているので、「なんだ、おじいちゃんはファシズムを推し進めていただけなんだ。あれは間違《まちが》っていたんだ」と。そして、「アジアの人たちに迷惑《めいわく》をかけたから、正反対のほうが正しいんだ。『ファシズム対 民主主義』だったんだ。日本の戦争は間違っていたんだ」ということで、「日本の神様は間違っていた」と思ったのです。

だから、天皇制を支持する母体の一つであった生長《せいちょう》の家《いえ》が、皇居から天皇皇后とかが出てくるときにみんないっぱい振っていた日の丸の旗を支給していたのですけれども、それもやめてしまいました。

今は環境《かんきょう》問題のほうに関心が移っています。

生長の家が海外伝道で唯一《ゆいいつ》成功したのはブラジルだけなのですが、公称《こうしょう》信者数では、「何百万人」と言ったり、今は「百三十万人ぐらいいる」というようなことは言っています。ただ、実際は分かりません。あそこの信者数というのは会報をバラまいている数のことなので、ちょっと信者数は分かりません。

要するに、ブラジルでは焼き畑農業をやっておりますから、林を焼いて、森を焼いて、それを肥やしにして畑をつくるというのをやっていて、「それはガスをいっぱい出すので、CO_2がいっぱい出て地球温暖化につながるから反対」という運動もやっています。

ただ、これは宗教運動ではないでしょう。これだったらグレタさんが会長をやってもいいぐらいの感じになるので、そう長くもつとは思えない運動ですが、日本でも同じことを言っていて、「本部が原宿にあるというのは、これはCO_2が出てよくない」というようなことで山梨《やまなし》県の奥に入って、スウェーデンの山奥にでも入ったような気分でやっています。

公称人数は「国内で三百三十万人」と言っていたのが、今、「四十一万人ぐらい」と言っているのですけれども、あそこの人数というのは会報を撒《ま》いている数です。だから、現実はおそらくは――「三百三十万人と言っていたときがマックスで十万人だった」と言われているので――公称「四十一万人」なら一万から四万人の間ぐらいなのではないかとは思われます。

そういうふうに、まったく正反対になることもあるから、教育とか留学とか、あるいはほかの会社経験も、気をつけないと本当に危ないことになることがあります。

大会社を経験した高学歴の息子《むすこ》が、なぜ〝親父《おやじ》の会社〟を潰《つぶ》すのか

会社でも、「親父《おやじ》が一代でつくったような会社で、ある程度大きくなった」というような場合、息子《むすこ》は高学歴になって大会社に入り、帰ってきてからあとに潰《つぶ》すというケースはけっこう多いので、気をつけなければいけないのです。「大は必ずしも小を兼《か》ねない」というところでしょう。

親父さんは、だいたい高卒ぐらいで会社を起こしてやった。息子の代になったらお金があるので、ちょっと勉強ができて、よければ早慶《そうけい》ぐらいまで入《はい》れたりするようなこともある。

早慶ぐらいまで入れたら次は、「同じ業種の大会社のどこかに入って経験してこい」ということでそこに入って、何年かしてから帰ってきて親父の会社を見てみたら、ずいぶん何か〝貧乏くさい、田舎《いなか》くさい仕事の仕方〟をしているように見えます。「私が経験したのはこんなものではない。もっともっと近代的で進んでいたんだ」というようなことで、合理化をいっぱいやってきて、コンピュータを使う仕事に変えます。

それから、「仕事の職務権限を分けて、一課、二課、三課があって、それらはそれぞれ別の仕事をするのであって、お互《たが》いに干渉《かんしょう》してはいけない。管理部門はまた別だし、さらにこちらの部門も別で、合理的にやらなくてはいけないんだ」

というような感じのスタイルを持ってくるのです。

例えば、銀行に就職してもそうですけれども、銀行などでは、預金の係と融資《ゆうし》の係を一人の人がやっていたら、これはいくらでもごまかしが利《き》きます。例えば預《あず》かり入れの金額が一千万円、今日、預金を預かったとします。そのうちの二百万円をちょっと除《の》けておいて、八百万円を預け入れしたように帳簿《ちょうぼ》に書いておいて、二百万円を自分の愛人に貸し付けるぐらいのことは、一人でやったらできます。

それは怖《こわ》いから、預金は預金で、融資は融資で分けます。「融資担当は二階」ということで、二階のほうに融資の人がいて、預金を受け入れたりするのは一階でやったりしています。こういうふうに、効率がいいか悪いかは別として、不正が起きないようにやっています。

そういうふうな勉強をしてきたりすると、「お互いの部とか課を〝越境《えっきょう》〟してやったらいけない」ということを、息子のほうは言い出す。「これが近代経営なんだ」と言ったり、あるいは、統計学を使って判断したりするようになるのです。

親父のほうは分からないから、「ああ、賢《かしこ》い息子が言うんだから、そうなのかな」と思ってやると、ものの見事に潰れたりするようなことがある。大企業型のスタイルが経費高になるのと、従業員がそうした大企業型の従業員でもないため、ちょっと無駄な仕事をいっぱいつくってしまうこともあるということです。このへんは難しいところです。

尊敬される初代を否定し「創業の理念」を変えた二代目は追い出される

さらには、宗教とは違うけれども、一代で創業した人というのは、たとえ小学校中退であろうとも偉《えら》いことは偉いのです。小さい範囲《はんい》ではあるけれども、小さな〝商売の神様〟であることは間違いないので、みんな尊敬しているわけです。それを若い人の場合は否定して入ってくるのです。否定から入ってくると、だいたい、従業員が初代と二代目を必ず比べ始めます。比べ始めて、たいてい結論のほうは、「初代のやり方のほうを踏襲《とうしゅう》していただきたい」という考え方に普通はなります。

そうすると、二代目は躍起《やっき》になって違うことをやり始めたりします。「自分がいかに優秀《ゆうしゅう》か」とか「頭がいいか」を見せたくなって違うことをやりたくなるのですが、だんだん、みな我慢《がまん》ができなくなってきて、追い出されるかたちになることがほとんどです。まあ、ごく簡単なこと、当たり前のことなのですけれども、そうした「創業の理念」とか「経営理念」の下《もと》に人をまとめているので、それが変わったらやっていられないのです。

（先ほど話した教団のように）宗教でも、創業者が日本の神々を信仰《しんこう》してやっていたものを、逆に、「日本の神々は悪魔《あくま》だ」という言い方をするような、外国の政治思想でもってやり始めると、だんだん信者が離《はな》れていくことになるように、先ほどの大塚家具みたいに、「ファミリーに継承《けいしょう》してもらうことが大事だ」という遺伝子を持っていたのが、「飛び込みで来た客の売れ筋《すじ》を強くする」というふうな考えに変わると、やはり「昔の客が離れていって、新しい客は、珍《めずら》しいうちは来るけれども、途中《とちゅう》で来なくなることもある」ということです。

このへんを知らなくてはいけないのです。

それから、生長の家で言えば、「栄える会」というのがあって、経営成功のところを在家《ざいけ》がやっていました。当会で言えば〝大黒天企業〟のようなものですが、「ヤオハン」というところがその中心にあって、ヤオハンに事務局があったのです。

生長の家、ヤオハンで、栄える会をやっていた人たちは、その段階ですでに幸福の科学の会員にそうとうなっていましたから、情報も入っていたのです。

ヤオハンは、ブラジルで成功したことから、例えば上海《シャンハイ》で大きな店を出して、同じことをやろうとしました。でも、最初だけ人は来るのですけれども、買わないのです。新しいものを建てて、そうしたら、人口が多いから「見学客が一日に百万人も来た」「これはすごい！」とか思うけれども、買わない。

なんで買わないのかというと、「しばらくすると、もっと有名な日本の百貨店が出てくる」とかいう情報を持っていたら、そちらのほうで買うわけです。「ブランドの高い、持っていたらうらやましがられるほうを買って、安売りだけであっては買わない」というようなところもありました。

情報が世界で共有され始めると、「外国だから特別に、強い立場で売れる」というわけにはいかないことが起きてきたりするのです。

そういうことで、栄える会のヤオハン自体が潰れてしまったようなところもあります。

このへんは教養が時流についていかなかった面もあるとは思いますが、正反対であっても駄目ということがあります。

また、職業訓練ということでは、先ほど、「生長の家の二代目がワープロで打っている」という話をしましたように、三代目は確か産経新聞の記者になったはずなのですが、産経新聞に入って記者をやらせると――産経には当会はよく広告を打っていただいているので、悪く言うつもりはないのですが――新聞記者の文体というのがあるわけです。

「新聞記者の文体」というのは、誰《だれ》が書いたか分からないような文を書けなければいけない。誰が書いても同じような、どこを切り取っても分からないような文を書かなくてはいけないのです。

その訓練をずいぶんやらされて、個性的な文とか主観的な文は削《けず》られ、削られて、直していかれる訓練をやってくると、だんだん、「新聞記事を読んでいるような文章」を書き始めます。ということになると、ますます宗教的な感動が減ってくるわけなのです。

宗教的には、もちろん、客観的な情勢を踏《ふ》まえて書いたほうが、いいことはいいと思うのですけれども、それでも主観性はやはりあると思うし、神様は一人称で言ってくることもあります。統計的にみんながどう思っているかなどということに関係なく、神様というのは強く鋭《するど》く一本を押《お》してくることもありますから、そういう（新聞のような）文章では、みんなが宗教のほうでは満足しないということもあります。

そういうことで、「この世的に優《すぐ》れている」とか、「進歩している」とか、「みんながやっているから、やったほうがいい」とか思うようなこともあるのですが、それで失敗することは数多くあります。

だから、よくよく、自分の勤めている会社とか組織とかの文化のもとになっているる経営理念等はしっかり持たないといけないと思うのです。

6　何の目的で仕事をしているかを考えよ

当会の映画は「訴《うった》えようとするメインテーマ」を必ず持っている

当会も、最近は映画にも力を入れてやっていますけれども、「いわゆる映画産業に参入して映画をつくり、ハリウッドと競争する」という、そんなつもりでやっているのではないのです。

宗教で本をいっぱい出しているけれども、本が読める人は限界があり、「日本には読書人口が二十万ぐらいしかいない」ともいわれています。だから、数多く本を出しても、やはり、読める範囲《はんい》に限界があって、そんなには読めない方がいるのです。

ただ、「本は読めなくても話は聴《き》ける」という人がいます。年を取った人には、どちらかといえば、「本はもう読めないから、セミナーや講演会みたいなもので話を聴くほうが楽だ」という方もいるのです。

また、「それよりも、ＤＶＤで観《み》るとか映画で観るとかのほうがもうちょっと分かりやすい」というものもあります。

映画は広告も兼《か》ねてはいますが、そのなかで「教え」をちゃんと映画のスタイルになるようにつくり上げて、かけることも可能性はあるのです。

だから、当会の映画の場合、当会の教えに関係がある内容、「訴《うった》えるもの」を、必ず主題として持っています。その映画として訴えようとするものを、必ずメインテーマを持っています。「それがなかったら、つくる意義がない」と私は考えているのです。

けれども、若い人などには、「そんなメインテーマはなくても、映画をつくれたらいいし、売れたらいいし、客が来ればいいし、儲《もう》かったらいい」というような考え方をする人もいます。

ただ、宗教というのは善悪を教えるところだし、神の正義を教えるところですから、それに反したようなものをつくっても、観客動員がいくらあろうが、それは恥《は》ずかしい話です。

だから、例えば「タイタニック」みたいな映画を三百億円もかけてつくったとしたとしても、もしそれが宗教的に見て地獄《じごく》的映画だと判定されるのだったら、それは宗教としてはつくるべきでない映画です。

たとえいくら儲かったとしても、あとで宗教自体がその存在根拠《こんきょ》を失う恐《おそ》れがあるのです。「地獄的なものは、つくれば売れるぞ。客が入るぞ」というようなことで、宗教映画で地獄的なものばかりいっぱいつくっていたら、今度は「良質の信者が離《はな》れていく」ということが次には起きるわけです。

「経営理念に合っているか」「世に問う意味があるか」を自問自答する

だから、映画をつくるにしても、やはり、「宗教の本道から見て、これを側面援助《えんじょ》するような内容であればいいし、信者が納得《なっとく》するようなものであればいいけれども、そうでないものまでつくってはいけない」ということです。

「鬼滅《きめつ》の刃《やいば》」がいくら流行《はや》っているからといって、「鬼《おに》は首を斬《き》らないかぎり死なない」というので、実写であろうがアニメだろうが、もう、人の首を斬って斬ってするような映画をつくりすぎたら、これは、「宗教としては、それでいいのでしょうか」という問いは当然ながらかけられるわけです。

そんなに人の首を斬る、あるいはただのヴァンパイアだけを広めるような映画だったら、「それでいいのですか」という問題は当然出てくるわけです。

このへんを自問自答して、「経営理念、あるいは立宗《りっしゅう》理念に合っているかどうか」を検討しないといけません。細部の専門家的な、専門職的な目だけで見ると、「これはいい」とか、「これは人から人気がある」とか、そういうことばかり見るのだけれども、「それだけでは成り立っていない」ということです。

さらには、文学的なものの見方とかもあるとは思うし、そういうメカやテクニックだけでできるものではないと思います。

だから、世に問う以上は、その「問う意味」があるかどうかを考えなければいけなくて、問う意味がなければ、やはり「控《ひか》える」ということも大事です。

一緒《いっしょ》に映画をつくらせていただいている制作会社の社長さんが、挨拶《あいさつ》で厳しいことを言われていて、「映画というのは、この世になくてもいいものです」ということを言われていました。映画の制作会社、「ジャンゴフィルム」というところの社長さんですけれども、開口一番、言われたのが、「映画というのは、この世になくてもいいものなのです」ということだったのです。

「だから、映画がいつまでもつくれると思ってはいけないし、これで食っていけると思ってはいけないのです。なくても構わないのです」と、こう来ましたから、「映画をつくっている人にそれを言われたら、ちょっときついな」とは思いましたけれども、ある意味では正しいと思います。そのくらいの厳しさは持っていないといけません。

「なくてもいいのだ、この世には。テレビもあるし、まあ、なくてもいいと言えばいい。映画館が全部なくても、映画がかからなくても、別に人間は困りはしないのだ」ということです。

その「なくてもいいもの」をつくって、いっぱい人に足を運ばせて、お金を払《はら》わせて、儲けているというのは、これはもう無駄《むだ》なことをやっている場合もあるわけです。

「なくてもいいものだ」と思われるなかで、「いや、これは、そうは言いましても、どうしても観てもらったほうがいい」というものを、その逆説得できるものを、やはりつくらなければ駄目です。

本を出すのでも同じようなことで、「いやあ、本なんかもう山のように出てはすぐ返本されて、あとは裁断されてゴミになっていくものだから、出さなくていい」という考えは、本屋さんでも、もしかしたらあるかもしれません。

でも、本でも、天国的なもの、地獄的なもの、役に立つもの、立たないもの、自己啓発《けいはつ》になるもの、ならないもの、人格破綻《はたん》を起こすようなもの、いっぱいあります。だから、そのなかでやはり、そういう価値尺度のなかで生き残っていけるようなものを出さないと駄目だというふうに思うのです。

こういう根本《こんぽん》のところを、しっかり押《お》さえないといけません。単に作業のレベルで「仕事をしている」と思ったら、大きな間違《まちが》いだというふうに私は思います。

自分を空《むな》しゅうできる人のほうが大きな仕事ができる

それから、当会でも、入局してくる人などは優秀《ゆうしゅう》な方とかも多いし、過去にいろいろ活躍《かつやく》をされた方も多いのですが、そういう方は普通《ふつう》の会社と同じように考えていることもあります。

高学歴で頭がよかったり、もうすでに名前が売れていたりするような人は、会社に入るときのように、「エリートコースに入れてくれて、あとはトントン拍子《びょうし》に出世する」というような、何かそんなコースをつくってほしそうな念波《ねんぱ》が出てくることが多いのですけれども、やはり勘違《かんちが》いしてはいけないのです。

宗教というのは、そういう自己愛を拡大するために利用していいものではないのです。他の人に愛を与《あた》えるための仕事をしているのであり、多くの人たちを愛したり、助けたり、救済したりする仕事であるので、この世的に自分を大なりとする者は小さくされ、自分を小さな者、低い者とする者が高くされる世界なのです。

だから、謙虚《けんきょ》であればこそ、大きな仕事ができるのであって、「自分は偉《えら》いのだ」と言っているような人が、宗教的に大きな仕事ができるわけでは決してないので、そうした姿勢を間違えてはいけないと思います。

その「無我《むが》」をつくり出すことのできる人が、逆に、大きな仕事をできるのです。

「有我《うが》」で自分の我《が》を拡大し、自分の我の拡張と共に、どこかの国のトップみたいに世界制覇《せいは》、「世界の覇権を握《にぎ》りたい」というのと同じような気持ちで伝道をしていたら、これは間違いになることがあるということです。

だから、この世の論理とは違うところがやはりありますので、一見、無能に見える人が有能で、有能に見える人が無能なことが多いということです。

自分を空《むな》しゅうできる人のほうが、実は大きな仕事ができて、自分を大きなものと見せたがる人が、実はいい仕事ができないことが多いのです。この逆説が分からなかったら、やはり宗教人としては一流にはたぶんなれないだろうと思います。

だから、そういうこの世的な「出世」「地位」「名誉《めいよ》」「財力」みたいなものは、これはもう本当に〝残りカス〟です。

周りの人が押し上げてくれたりした結果、そういうものは来ることもあるけれども、それを目的にしてはいけないのです。それを目的にしていいのは、株式会社はそうかもしれませんが、宗教はそれを目的にしてはいけないのです。政治家なども名誉のためにやっているかもしれないけれども、宗教には「それが目的であってはいけない」というところはあると思います。

いろいろなことを雑多に話しましたが、前回（本書第1章）に引き続いて、若い人の仕事術の考え方の一つにしていただければ幸いです。

『若い人の仕事術入門』関連書籍

『われ一人立つ。大川隆法第一声』（大川隆法 著　幸福の科学出版刊）
『新しき繁栄の時代へ』（同右）
『仕事ができるとはどういうことなのか』（同右）
『仕事と愛』（同右）
『不況に打ち克つ仕事法』（同右）
『仕事への言葉』（同右）
『コロナ時代の経営心得』（同右）

若《わか》い人《ひと》の仕事術入門《しごとじゅつにゅうもん》
── 求められる人材になるための心構え ──

2024年10月31日　初版第1刷
2024年11月19日　　　第2刷

著　者　　大《おお》川《かわ》隆《りゅう》法《ほう》

発行所　　幸福の科学出版株式会社
〒107-0052 東京都港区赤坂2丁目10番8号
TEL(03)5573-7700
https://www.irhpress.co.jp/

印刷・製本　株式会社 堀内印刷所

落丁・乱丁本はおとりかえいたします

ISBN978-4-8233-0438-5 C0030

大川隆法ベストセラーズ・仕事ができる人を目指して

仕事と愛

スーパーエリートの条件

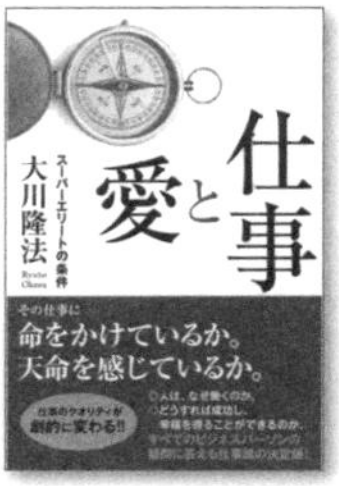

仕事と愛の関係、時間を生かす方法、真のエリートの条件――。若手から管理職、経営者まで、すべてのビジネスパーソンに贈る仕事への指針。

1,980円

不況に打ち克つ仕事法

リストラ予備軍への警告

不況のときほど、会社に頼りにされる社員とは？　仕事に対する基本的な精神態度からビジネス論・経営論の本質まで、厳しい時代を勝ち抜くための秘訣を説く。

2,420円

仕事への言葉

書き下ろし箴言集

あなたを真の成功へと導く仕事の極意が示された書き下ろし箴言集。新入社員から社長まで、ビジネスや経営を通して心豊かに繁栄するための100のヒント。

1,540円

仕事ができるとはどういうことなのか

無駄仕事をやめ、「目に見える成果」を出す秘訣とは――。一人ひとりに必要な「経営者の目」とは何か、「嫌われる勇気」の本当の意味など、「できる社員」の条件が満載。

1,650円

※表示価格は税込10%です。

大川隆法ベストセラーズ・自助努力の精神を学ぶ

自助論の精神

「努力即幸福」の境地を目指して

運命に力強く立ち向かい、「努力即幸福」の境地へ——。嫉妬心や劣等感の克服、成功するメカニカルな働き方等、実践に基づいた珠玉の人生訓を語る。

1,760円

凡事徹底と静寂の時間

現代における〝禅的生活〟のすすめ

忙しい現代社会のなかで〝本来の自己〟を置き忘れていないか?「仕事能力」と「精神性」を共に高める〝知的生活のエッセンス〟がこの一冊に。

1,650円

凡事徹底と成功への道

現代人が見失った「悟りの心」とは? 日常生活や実務のなかに流れる「宗教的感覚」や、すべての世界に共通する「一流になる法則」を説き明かす。

1,650円

自分を鍛える道

沈黙の声を聞き、本物の智慧を得る

成功を持続させる極意がここに。本書の題名どおり、「自分を鍛える道」そのものの人生を生きてきた著者が明かす、「知的生産」の源泉と「創造」の秘密。

1,760円

大川隆法ベストセラーズ・人間力を高めるために

自も他も生かす人生

あなたの悩みを解決する「心」と「知性」の磨き方

自分を磨くことが周りの人の幸せにつながっていく生き方とは? 悩みや苦しみを具体的に解決し、人生を好転させる智慧が説き明かされた一冊。

1,760円

私の人生論

「平凡からの出発」の精神

「『努力に勝る天才なし』の精神」「信用の獲得法」など、著者の実践に裏打ちされた「人生哲学」──。人生を長く輝かせ続けるための深い智慧が明かされる。

1,760円

感化力

スキルの先にあるリーダーシップ

人の心は、いつ、どのようにして動くのか──。愛や智慧、信頼感、そして感化力を磨き上げて、器の大きなリーダーになるための秘訣が示される。

1,650円

人格力

優しさと厳しさのリーダーシップ

月刊「ザ・リバティ」に連載された著者の論稿を書籍化。長く成功していくための方法論でありながら宗教的な深みもあり、リーダーになるべき人の心構えが説かれる。

1,760円

※表示価格は税込10%です。

大川隆法ベストセラーズ・発展マインドを磨く

常勝の法

法シリーズ 第6巻

人生の勝負に勝つ成功法則

人生全般にわたる成功の法則や、不況をチャンスに変える方法など、あらゆる勝負の局面で勝ち続けるための兵法を明かす。

1,980円

成功の法

法シリーズ 第9巻

真のエリートを目指して

愛なき成功者は、真の意味の成功者ではない。個人と組織の普遍の成功法則を示し、現代人への導きの光となる、勇気と希望の書。

1,980円

心が豊かになる法則

幸福とは猫のしっぽのようなもの——「人格の形成」と「よき習慣づくり」をすれば、成功はあとからついてくる。人生が好転する必見のリバウンド法。

1,650円

I Can！ 私はできる！

英語説法 英日対訳

夢を実現する黄金の鍵

「I Can!」は魔法の言葉——。仕事で成功したい、夢を叶えたいあなたの人生を豊かにし、未来を成功に導くための「黄金の鍵」が与えられる。

1,650円

※表示価格は税込10％です。

大川隆法ベストセラーズ・経営の王道とは何か

経営入門

人材論から事業繁栄まで

豪華装丁 函入り

企業規模に応じた経営の組み立て方など、「経営の急所」を伝授。本書を実践し、使い込むほどに、「経営の実力」が高まっていく。地上ユートピア実現のためにも味読したい経営の極意がここに。

10,780円

社長学入門

常勝経営を目指して

豪華装丁 函入り

経営理念のなかに無私・無我を貫け——。組織を成長させ続けるための経営哲学、実践手法など、そのノウハウとスキルが網羅された一冊。

10,780円

未来創造のマネジメント

事業の限界を突破する法

豪華装丁 函入り

人類幸福化を理想とする幸福の科学総裁によって実践経営学の本質が説かれる。会社の将来を背負って立つビジネスエリートや起業家・経営者に贈る「未来への一手」。

10,780円

経営とは、実に厳しいもの。

逆境に打ち克つ経営法

豪華装丁 函入り

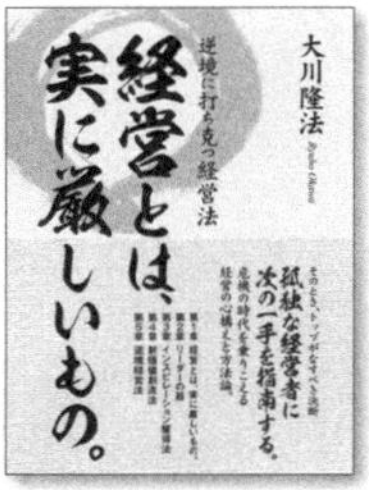

危機の時代を乗り越え、未来を勝ち取るための、次の一手を指南する。「人間力」を磨いて「組織力」を高める要諦が凝縮された、経営の必読書。

11,000円

幸福の科学出版

幸福の科学グループのご案内

宗教、教育、政治、出版などの活動を通じて、地球的ユートピアの実現を目指しています。

幸福の科学

一九八六年に立宗。信仰の対象は、地球系霊団の最高大霊、主エル・カンターレ。世界百七十四カ国以上の国々に信者を持ち、全人類救済という尊い使命のもと、信者は、「愛」と「悟り」と「ユートピア建設」の教えの実践、伝道に励んでいます。

（二〇二四年十一月現在）

愛

幸福の科学の「愛」とは、与える愛です。これは、仏教の慈悲《じひ》や布施《ふせ》の精神と同じことです。信者は、仏法真理をお伝えすることを通して、多くの方に幸福な人生を送っていただくための活動に励んでいます。

悟り

「悟り」とは、自らが仏の子であることを知るということです。教学《きょうがく》や精神統一によって心を磨き、智慧《ちえ》を得て悩みを解決すると共に、天使・菩薩《ぼさつ》の境地を目指し、より多くの人を救える力を身につけていきます。

ユートピア建設

私たち人間は、地上に理想世界を建設するという尊い使命を持って生まれてきています。社会の悪を押しとどめ、善を推し進めるために、信者はさまざまな活動に積極的に参加しています。

幸福の科学の教えをさらに学びたい方へ

心を練る。叡智《えいち》を得る。
美しい空間で生まれ変わる——
幸福の科学の精舎《しょうじゃ》

幸福の科学の精舎《しょうじゃ》は、信仰心《しんこうしん》を深め、悟《さと》りを向上させる聖なる空間です。全国各地の精舎では、人格向上のための研修や、仕事・家庭・健康などの問題を解決するための助力が得られる祈願《きがん》を開催《かいさい》しています。研修や祈願に参加することで、日常で見失いがちな、安らかで幸福な心を取り戻《もど》すことができます。

総本山・正心館

総本山・未来館

総本山・日光精舎

総本山・那須精舎

東京正心館

全国に27精舎を展開

運命が変わる場所——
幸福の科学の支《し》部《ぶ》

幸福の科学は1986年の立宗《りっしゅう》以来、「私、幸せです」と心から言える人を増やすために、世界各地で活動を続けています。
国内では、全国に400カ所以上の支部が展開し、信仰《しんこう》に出合って人生が好転する方が多く誕生しています。
支部では御法話拝聴会、経典学習会、祈願、お祈り、悩み相談などを行っています。

支部・精舎のご案内

happy-science.jp/
whats-happy-science/worship

海外支援・災害支援

幸福の科学のネットワークを駆使し、世界中で被災地復興や教育の支援をしています。

毎年２万人以上の方の自殺を減らすため、全国各地でキャンペーンを展開しています。

公式サイト **withyou-hs.net**

自殺防止相談窓口

受付時間　火〜土:10〜18時（祝日を含む）

TEL **03-5573-7707**　メール **withyou-hs@happy-science.org**

視覚障害や聴覚障害、肢体不自由の方々と点訳・音訳・要約筆記・字幕作成・手話通訳等の各種ボランティアが手を携えて、真理の学習や集い、ボランティア養成等、様々な活動を行っています。

公式サイト **helen-hs.net**

入会のご案内

幸福の科学では、主エル・カンターレ 大川隆法総裁が説く仏法真《ぶっぽうしん》理《り》をもとに、「どうすれば幸福になれるのか、また、他の人を幸福にできるのか」を学び、実践しています。

入会

仏法真理を学んでみたい方へ

主エル・カンターレを信じ、その教えを学ぼうとする方なら、どなたでも入会できます。入会された方には、『入会版「正心法語《しょうしんほうご》」』が授与されます。入会ご希望の方はネットからも入会申し込みができます。

happy-science.jp/joinus

三帰《さんき》誓願《せいがん》

信仰をさらに深めたい方へ

仏弟子としてさらに信仰を深めたい方は、仏《ぶっ》・法《ぽう》・僧《そう》の三宝《さんぽう》への帰依を誓う「三帰誓願式」を受けることができます。三帰誓願者には、『仏説・正心法語』『祈願文《きがんもん》①』『祈願文②』『エル・カンターレへの祈り』が授与されます。

幸福の科学 サービスセンター
TEL 03-5793-1727
受付時間／火〜金：10〜20時　土・日祝：10〜18時（月曜を除く）

幸福の科学 公式サイト
happy-science.jp

幸福実現党

内憂外患《ないゆうがいかん》の国難に立ち向かうべく、2009年5月に幸福実現党を立党しました。創立者である大川隆法党総裁の精神的指導のもと、宗教だけでは解決できない問題に取り組み、幸福を具体化するための力になっています。

HS政経塾

大川隆法総裁によって創設された、「未来の日本を背負う、政界・財界で活躍するエリート養成のための社会人教育機関」です。既成の学問を超えた仏法真理を学ぶ「人生の大学院」として、理想国家建設に貢献する人材を輩出するために、2010年に開塾しました。これまで、多数の地方議員が全国各地で活躍してきています。

TEL 03-6277-6029
公式サイト hs-seikei.happy-science.jp

ハッピー・サイエンス・ユニバーシティ

Happy Science University

ハッピー・サイエンス・ユニバーシティとは

ハッピー・サイエンス・ユニバーシティ(HSU)は、
大川隆法総裁が設立された「日本発の本格私学」です。
建学の精神として「幸福の探究と新文明の創造」を掲げ、
チャレンジ精神にあふれ、新時代を切り拓く人材の輩出を目指します。

人間幸福学部　経営成功学部　未来産業学部

HSU長生キャンパス TEL **0475-32-7770**
〒299-4325　千葉県長生郡長生村一松丙 4427-1

未来創造学部

HSU未来創造・東京キャンパス
TEL **03-3699-7707**
〒136-0076　東京都江東区南砂2-6-5　公式サイト **happy-science.university**

学校法人 幸福の科学学園

学校法人 幸福の科学学園は、幸福の科学の教育理念のもとにつくられた教育機関です。人間にとって最も大切な宗教教育の導入を通じて精神性を高めながら、ユートピア建設に貢献する人材輩出を目指しています。

幸福の科学学園

中学校・高等学校(那須本校)
2010年4月開校・栃木県那須郡(男女共学・全寮制)
TEL **0287-75-7777** 公式サイト **happy-science.ac.jp**

関西中学校・高等学校(関西校)
2013年4月開校・滋賀県大津市(男女共学・寮及び通学)
TEL **077-573-7774** 公式サイト **kansai.happy-science.ac.jp**

仏法真理塾「サクセスNo.1」

全国に本校・拠点・支部校を展開する、幸福の科学による信仰教育の機関です。小学生・中学生・高校生を対象に、信仰教育・徳育にウエイトを置きつつ、将来、社会人として活躍するための学力養成にも力を注いでいます。

TEL 03-5750-0751（東京本校）

エンゼルプランV

東京本校を中心に、全国に支部教室を展開。信仰をもとに幼児の心を豊かに育む情操教育を行い、子どもの個性を伸ばして天使に育てます。

TEL 03-5750-0757（東京本校）

エンゼル精舎

乳幼児が対象の、託児型の宗教教育施設。エル・カンターレ信仰をもとに、「皆、光の子だと信じられる子」を育みます。
（※参拝施設ではありません）

不登校児支援スクール「ネバー・マインド」

TEL 03-5750-1741

心の面からのアプローチを重視して、不登校の子供たちを支援しています。

ユー・アー・エンゼル！（あなたは天使！）運動

障害児の不安や悩みに取り組み、ご両親を励まし、勇気づける、障害児支援のボランティア運動を展開しています。

一般社団法人 ユー・アー・エンゼル
TEL 03-6426-7797

NPO活動支援

学校からのいじめ追放を目指し、さまざまな社会提言をしています。また、各地でのシンポジウムや学校への啓発ポスター掲示等に取り組む一般財団法人「いじめから子供を守ろうネットワーク」を支援しています。

公式サイト mamoro.org　ブログ blog.mamoro.org
相談窓口 TEL.03-5544-8989

百歳まで生きる会～いくつになっても生涯現役～

「百歳まで生きる会」は、生涯現役人生を掲げ、友達づくり、生きがいづくりを通じ、一人ひとりの幸福と、世界のユートピア化のために、全国各地で友達の輪を広げ、地域や社会に幸福を広げていく活動を続けているシニア層（55歳以上）の集まりです。

【サービスセンター】TEL 03-5793-1727

シニア・プラン21

「百歳まで生きる会」の研修部門として、心を見つめ、新しき人生の再出発、社会貢献を目指し、セミナー等を開催しています。

【サービスセンター】TEL 03-5793-1727

幸福の科学出版

大川隆法総裁の仏法真理の書を中心に、ビジネス、自己啓発、小説など、さまざまなジャンルの書籍・雑誌を出版しています。他にも、映画事業、文学・学術発展のための振興事業、テレビ・ラジオ番組の提供など、幸福の科学文化を広げる事業を行っています。

アー・ユー・ハッピー？
are-you-happy.com

ザ・リバティ
the-liberty.com

THE FACT

YouTubeにて随時好評配信中！

ザ・ファクト

マスコミが報道しない「事実」を世界に伝えるネット・オピニオン番組

公式サイト **thefact.jp**

幸福の科学出版

TEL **03-5573-7700**

公式サイト **irhpress.co.jp**

NEW STAR PRODUCTION

ニュースター・プロダクション

「新時代の美」を創造する芸能プロダクションです。多くの方々に良き感化を与えられるような魅力あふれるタレントを世に送り出すべく、日々、活動しています。 公式サイト **newstarpro.co.jp**

ARI Production

ARI《アリ》 Production《プロダクション》

タレント一人ひとりの個性や魅力を引き出し、「新時代を創造するエンターテインメント」をコンセプトに、世の中に精神的価値のある作品を提供していく芸能プロダクションです。 公式サイト **aripro.co.jp**